Agnosticisme

OU

Anthropomorphisme

QUESTIONS PHILOSOPHIQUES

Agnosticisme ou Anthropomorphisme

PAR

A.-D. SERTILLANGES

Professeur à l'Institut Catholique de Paris.

PARIS

LIBRAIRIE BLOUD ET Cⁱᵉ

7, PLACE SAINT-SULPICE, 7

1908

DU MÊME AUTEUR

L'Art et la Morale. *L'art indépendant. — L'art apôtre.
— L'art dangereux. — L'art pervers. — Le Nu dans l'art.*
(83).. 1 vol.

MÊME COLLECTION

AGNOSTICISME

OU ANTHROPOMORPHISME ?

ÉTUDE DE PHILOSOPHIE THOMISTE

Un vent d'agnosticisme passe sur nous.

Ceux qui aiment la vérité s'en épouvantent avec juste raison ; mais parmi ceux qui se plaignent et s'arc-boutent pour résister, il en est trop peu encore qui sachent trouver la vraie méthode, celle qui pourrait conjurer les ruines.

L'histoire est pourtant là pour nous renseigner, et une réflexion bien simple devrait suffire à nous persuader que nous ne vaincrons pas le mal en perpétuant ses causes.

D'où vient l'agnosticisme ?

L'agnosticisme est fils du criticisme, qui est une réaction contre l'intellectualisme outrancier d'une scolastique dégénérée ou mal comprise. Que faire, pour vaincre l'ennemi triomphant ? Faut-il maintenir l'abus, sous prétexte que contre lui, également, l'on abuse ? Faut-il se cramponner et « se fixer au sol des deux pieds », comme les soldats de Tyrtée ? Non. Il faut aimer assez la vérité pour oser regarder et comprendre ; il faut aussi avoir assez d'humilité pour reconnaître que si nos torts à nous, théologiens philosophes, sont moins gravespar leur objet, puis qu'ils maintiennent le divin et n'ont risqué de compromettre — encore bien faiblement — que la frêle culture humaine, toutefois c'est nous qui avons *commencé*, et que notre amende honorable est une dette.

De récentes discussions ont réveillé parmi nous cette vieille question dormante. De très diverses conceptions se sont retrouvées en présence. En tous cas, on les a vues reparaître à l'horizon, attirant ou repoussant les champions plus ou moins près, plus ou moins loin de leur zone d'influence.

A l'un des deux extrêmes, l'agnosticisme proprement dit, équivalant à la négation de Dieu.

A l'autre extrême, l'intellectualisme outrancier, aboutissant à l'anthropomorphisme.

Entre les deux, mille nuances qui n'arrivent pas à se joindre.

Le présent travail voudrait s'établir dans ce milieu, et, y apportant s'il se peut quelques précisions, aider à la conciliation des esprits en délimitant le terrain où se peuvent rencontrer les *centres*, à défaut de la coopération des *extrêmes*.

C'est saint Thomas qui me servira de guide. On a dit récemment qu'en face de la « grande tentation philosophique de notre temps » : l'agnosticisme, « il y a mieux à faire que de venir à la rescousse avec des textes de saint Thomas et de l'Aréopagite ».

Ce qu'il y a de *mieux à faire*, c'est de venir à la rescousse avec la vérité, la vérité complète, comprenant à la fois ce qui fait l'illusion de nos adversaires et ce qui fait notre force.

L'illusion de nos adversaires a un fondement.

Le découvrir et lui donner satisfaction, tout en repoussant les conséquences erronées qu'on en tire, c'est, je crois, la vraie méthode apologétique. C'est celle de la charité et de la justice, c'est aussi celle du succès ; car nous ne vaincrons efficacement l'erreur qu'en lui montrant son point d'attache, et puisqu'elle s'insère dans le vrai comme le mal dans le bien, il faut d'abord poser ce vrai, qui la trompe.

On nous prête l'illusion anthropomorphique, et c'est pour l'éviter, dit-on, qu'on se jette dans l'agnosticisme ou le panthéisme. Montrons que le point de départ de nos affirmations est ailleurs, et que cette erreur n'est point nôtre.

A voir que les grands hommes du passé exterminent l'anthropomorphisme par les textes les plus audacieux, et que d'ailleurs ils savent éviter l'agnosticisme et le panthéisme où versent nos adversaires, il y a peut-être une lumière. A exagérer tout et à nier même le vrai, il n'y aurait que confusion et batailles vaines.

Je pose donc les questions suivantes :

Comment et dans quelle mesure pouvons-nous arriver à connaître Dieu ?

Que valent les propositions relatives à lui ? L'expriment-elles *formellement ? symboliquement ? analogiquement ?* Ont-elles une valeur *positive ?* une valeur *négative ?*

Ces questions résolues, on aurait peut-être un instrument de solution tout trouvé pour éclairer d'un meilleur jour quelques-uns des problèmes récemment posés à la conscience chrétienne.

I

Notre connaissance prend son origine dans les sens, et elle doit donc s'étendre jusque-là seulement où le sensible la peut conduire.

Or, partant du sensible, où peut-on parvenir, quand il s'agit de la connaissance de Dieu ? Évidemment, on ne peut aller jusqu'à connaître son *essence,* puisque celle-ci, pour être connue par le moyen de ses effets, devrait nécessairement s'y être épuisée, de telle sorte que d'une façon ou d'une autre ils l'égalent. Or, cela n'est pas et ne peut pas être, pour mille raisons qui se résument en celle-ci que l'infini est incommunicable ; que l'éveil du néant est toujours partiel ; que le Tout et le rien en conflit dans la création ne peuvent donner lieu, comme en mathématiques, qu'à une quantité finie quelconque.

Toutefois, puisqu'il y a dépendance, donc relation d'un certain genre entre la créature et Dieu, on doit pouvoir passer, avec les précautions que de droit, de l'une à l'autre. La relation crée un pont, et quelque obscur qu'en soit le bout, quelque enveloppé de brumes de l'infini, on en pourra parler en quelque manière.

On pourra dire d'abord : Il est ! Car il faut que le *pont* repose. Si tout ce que nous voyons est reconnu *relatif,* on demandera : Relatif à quoi ? et il faudra donner une réponse. « Puisque les créatures descendent de Dieu selon un certain ordre, on peut, en suivant à rebours cet ordre, cheminer par elles vers Dieu. C'est en effet par le même chemin qu'on descend et qu'on monte, les deux bouts de la route étant suffisamment distingués (1). »

On pourra ensuite, non moins certainement, déterminer quelques conditions du premier Principe, à savoir celles qui sont requises pour qu'il joue son rôle. Relatif à quoi ? disions-nous à l'instant. La plus maigre réponse qu'on puisse faire sera celle-ci : Relatif à un *non-relatif.* Qui ne concéderait pas cela devrait renoncer à l'intelligence, ou bien alors renoncer à Dieu ; car on n'appelle pas Dieu, je pense, le démiurge, la grande *Conscience* ou *Personne première* de Renouvier, à l'égard de laquelle, il le dit en très propres termes, l'anthropomorphisme est la loi (2).

Or, on ne se doute pas de ce qui peut sortir de cette idée : le *non-relatif,* par l'usage simplement continué de notre faculté raisonnante.

Quelque voie légitime que l'on suive ainsi pour monter au Premier Principe, on devra trouver au bout une *caractéristique* à lui reconnaître.

Si l'on arrive à Dieu par la voie de l'intelligible, on ne peut pas dire que Dieu ne soit le suprême intelligible, quelque chose comme l'Axiome éternel de Taine. Si ce sont les postulats du bien qui le révèlent, on ne peut pas dire de Dieu : Il n'est pas le souverain Bien. Et si généralisant et unifiant toute la recherche, on dit que les conditions générales de l'être, quelque constitution que l'on prête à ce dernier, requièrent

____

(1) *Contra Gentes,* l. IV, ch. i.
(2) *Histoire et solution des problèmes métaphysiques,* p. 412.

cette Condition fondamentale, on ne peut plus dire de Dieu qu'il n'ait l'être en sa possession, et donc qu'il n'en contienne la plénitude.

Sous quelle forme ou quelle absence de forme le possède-t-il, c'est une autre question ; mais cela est, ou bien le premier raisonnement était fautif, ou bien nous ne savons plus ce que nous disons, puisque nous acceptons que la Source invoquée par nous soit par nous-mêmes tarie ; puisque nous appelons en niant qu'on puisse nous répondre.

Qu'on y songe un instant, et l'on verra que les « attributs de Dieu », quels qu'ils soient, sont atteints avant Dieu ; que sans eux Dieu n'est rien ; que le mot Dieu, dans la bouche du croyant, ne représente au vrai que leur synthèse. Et l'on verra aussi que la suprême question métaphysique, celle qui fait rechercher le pourquoi de l'être en tant qu'être, et non pas seulement le pourquoi de telle manifestation particulière, ainsi qu'on le fait dans tout le reste de la science, cette question, dis-je, résolue, nous fait toucher en Dieu l'attribut tout premier, je dis parmi ceux qui nous le révèlent, à savoir l'attribut qui nous fait nommer Dieu *Celui qui est.*

Et ce ne sera point là dépasser la question *an est,* mais seulement en déterminer le contenu ; car demander si Dieu est, c'est demander s'il y a dans l'être total une réalité répondant à *tel rôle.* Le rôle est donc inclus, ainsi que ses conditions, dans la question *an est,* et celle-ci n'est point dépassée jusqu'ici.

Or, c'est tout. De suite on passe aux corollaires.

Toute la théodicée naturelle, aux yeux de saint Thomas — et il le répète sans cesse — n'est qu'une réponse à cette question : *an Deus sit* (1) ?

---

(1) Cf. In Boet. *De Trin.,* q. I, art. 2.

Comment procède cette science, on peut le voir déjà ; mais le voici plus précisément, toujours d'après le même maître.

L'analyse du rôle de Dieu par rapport à ses créatures conduit à dire qu'il est cause selon toutes les manières dont il convient à la Cause universelle d'être cause, à savoir cause *efficiente,* cause *exemplaire,* cause *finale,* et que, par conséquent, il réalise les conditions générales d'une telle cause. Exemple : la *personnalité,* la *vie,* la *pensée,* le *vouloir,* etc., etc. Il y a là tout un ensemble de déductions difficiles à établir, mais qui peuvent prétendre arriver à la rigueur complète. C'est la *via causalitatis* des classiques.

En second lieu, ayant à réaliser les conditions susdites à l'égard de ses créatures, le Premier Principe ne pourra se voir attribuer ce qui empêche précisément les créatures de le manifester pleinement, à savoir le caractère *fini* de leur nature, réduit à une *essence,* et par là leur caractère temporel, changeant, matériel, improvident, limité en sagesse, etc., etc. D'où encore une série de conclusions parfois nouvelles, parfois coïncidant avec celles qu'obtenait la première *voie,* mais qui leur serviront de contre-épreuve. C'est la *via negationis*.

Enfin la *via eminentiæ* permet d'achever la route. De ce que sa nature, à Lui, n'est pas finie par une *essence,* on conclut que ce qui lui est attribué comme nécessaire à son rôle de première Cause lui appartient non d'une façon telle quelle, mais d'une façon suréminente, tellement que les notions employées dans son cas deviennent fautives, si on les prend selon le mode où elles conviennent aux créatures, et que nos perfections à nous, on doit les lui refuser d'une certaine manière *en nature,* mais afin de les lui donner mieux.

C'est cette dernière affirmation que nous avons

surtout à étudier ici. Nous voulons, en effet, savoir si les attributions que nous faisons à Dieu sont purement *symboliques;* si, au contraire, elles sont *formelles* à tel point que les choses dites de Dieu prétendent à le *définir* ; ou bien, enfin, s'il n'y aurait pas un troisième terme à ce dilemme supposé, de telle sorte que ni l'on ne devrait prétendre à une définition de ces termes, ni l'on ne devrait pour autant affirmer la complète indétermination de la pensée relative à Dieu.

Là s'insérera la théorie célèbre de l'*analogie,* qui a été comprise par les penseurs chrétiens de plus d'une manière ; qu'on a vue quelquefois entièrement faussée, comme il arrive à toute donnée imposée plus ou moins par la tradition et à laquelle certains états d'esprit sont rebelles. Nous la prendrons quant à nous à sa source même.

**

Procédons par approches successives, et demandons-nous d'abord avec saint Thomas : Les noms que nous donnons à Dieu visent-ils sa substance, ou seulement sa causalité ? Sont-ce des noms de rôle ou des noms de personne ? (*Utrum aliquod nomen dicatur de Deo substantialiter,* I[a], pars, q. xiii, art. 2.)

Une telle question pourrait être fondamentale, si elle n'offrait une équivoque.

Si, en effet, les noms appliqués à Dieu sont simplement et en toute rigueur des noms de rôle ; si dire de Dieu : Il est intelligent, cela veut dire : Il est auteur de l'intelligence ; il est vivant, si cela veut dire : Il est source de vie, en ce cas, nous restons dans l'agnosticisme. Nous avons posé simplement, à la façon de Spencer, l'*Incon-naissable nécessaire*.

Or, voyez les inconvénients qui s'ensuivent.

D'abord on pourra dire de Dieu tout ce que l'on voudra, à moins qu'on préfère n'en rien dire. On pourra affirmer qu'il est corps, qu'il est plante, qu'il est animal, qu'il est chaleur, lumière, pesanteur, sécheresse, etc., puisqu'il est cause de toutes ces choses et que les noms qui lui sont donnés n'exprimeraient, par hypothèse, que sa causalité même. Évidemment, le ridicule empêchera ceci et rejettera vers cela. On s'en tiendra à l' « adoration muette ».

Ensuite, n'est-il pas clair que tout effet procède d'un agent en raison de quelque chose qui est en lui, de sorte que, par exemple, en Celui qui est la cause transcendante de notre science, il doit y avoir quelque chose qui ait rapport à cette science assez pour être notifié par le même mot, bien que peut-être ce mot science, laissé à sa valeur humaine, ne puisse exprimer la réalité dont on parle d'une façon pertinente (1).

Et puis, enfin, il y a le sens commun, qui pense bien qualifier Dieu *en soi*, d'une certaine manière, manière à définir d'ailleurs, et à défendre soigneusement contre l'anthropomorphisme.

Autre question *(ibid.)* : Les noms que nous donnons à Dieu et qui, nous en convenons maintenant, visent sa substance, prétendent-ils à la qualifier d'une façon *positive*, ou bien leur sens est-il simplement négatif ?

Saint Thomas répond que cette dernière façon de s'exprimer, aussi bien que celle de tout à l'heure, *semble* fautive. (*Videtur esse inconveniens.*) Il s'exprime à son tour avec précaution ; car un sens vrai se cache sous cette double sen-

____

(1) Cf. In I Sent., dist. XXXV, q. I, art. 1 ad 2ᵐ.

tence, et saint Thomas dira lui-même que l'opinion qu'il combat ici et la sienne ne diffèrent qu'à la surface. Quoi qu'il en soit, en rigueur d'expressions on ne doit point admettre, dit-il, que les noms donnés à Dieu ne comportent qu'un sens négatif. Les mêmes motifs que tout à l'heure s'y opposent. Pas de raison, en ce cas, pour employer un mot plutôt qu'un autre. Si l'on dit : Dieu est bon, pour dire : Il n'est pas mauvais, pourquoi ne pas dire : Il est un corps, pour signifier qu'il n'est pas un être *en puissance* ? L'objection paraît de mauvaise foi ; mais c'est que l'opinion combattue, bien que d'intention excellente peut-être, prête à ce genre de querelles par la façon incorrecte dont elle s'exprime.

Deuxièmement, cette façon de comprendre les *noms divins* n'est pas moins contraire que la première au sentiment commun de ceux qui parlent de Dieu. Ce n'est pas cela qu'ils entendent mettre dans leurs mots. Or, ce qui est dans leurs mots, ce doit bien être, *sous une forme ou sous une autre,* ce qu'ils veulent y mettre.

Enfin et surtout, toute négation se fonde sur quelque chose d'existant, et si l'on dit : L'homme n'est pas un cheval, la vérité de la négation se fonde sur la nature humaine, qui n'est pas compatible avec l'autre. Si donc l'ignorance, par exemple, est niée de Dieu, il faut que ce soit en raison de quelque chose de positif qui est en lui, et ainsi il faut poser en lui, *sous une forme ou sous une autre, toujours,* l'opposé de l'ignorance (1).

Il faut donc dire que certains, du moins, parmi les noms appliqués à Dieu ont un sens *positif,* se référant à la substance divine, sans préjuger, d'ailleurs, si la *positivité* dont on parle, et qui est

____

(1) In l Sent., dist. XXXV, q. I, art. 1 ad 2ᵐ.

relative à l'objectivité *telle quelle* du concept que nous exprimons, ne tournera pas au négatif, quand il s'agira de qualifier non plus cette objectivité elle-même, mais la *valeur de définition* qu'elle implique.

Cette dernière distinction est évidemment capitale, et c'est de l'avoir oubliée qui a créé entre nous, récemment, plus d'une vaine bataille.

Mais je reviendrai tout à l'heure sur ce point.

Il s'agit maintenant de savoir, étant accordé que les noms divins ont un sens positif, relatif à la substance divine, de quelle manière on entend que celle-ci se trouve qualifiée par eux. Quelle en est la valeur, et sur quelles considérations est-il possible de fonder les prétentions qu'on leur prête ou les insuffisances qu'on y relève ?

Ce nouvel état de la question provoque chez saint Thomas le développement d'une doctrine profonde, incessamment citée, bien rarement comprise. Le résumé en est donné en termes d'une brièveté magistrale dans l'article 2 de la question xiiie de la *Somme théologique*.

« Les noms que nous donnons à Dieu le signifient selon que notre intelligence peut le connaître. Or, notre intelligence connaissant Dieu par les créatures, le connaît précisément dans la mesure et selon le mode où les créatures le représentent. Or, nous avons montré plus haut que Dieu porte en soi, avant de les communiquer aux créatures, toutes les perfections que celles-ci possèdent, étant absolument et universellement parfait, de sorte que chaque créature le représente et lui est semblable pour autant qu'elle possède elle-même une certaine perfection. *Non pas qu'elle soutienne avec lui quelque rapport d'espèce ou de genre ;* mais en tant qu'il est, Lui, le principe transcendant (*excellens principium*) duquel la nature de ses effets ne peut que déchoir

gardant cependant avec lui une similitude telle
quelle (*aliqualem similitudinem*), de *la même
manière que les natures des corps inférieurs
représentent la vertu solaire.* C'est ce qui a été
exposé plus haut quand on traitait de la perfection divine. Et ainsi, les noms dont il est question signifient bien la substance divine, mais imparfaitement, comme aussi imparfaitement les
créatures la représentent. Quand donc on dit :
Dieu est bon, le sens n'est pas : Dieu est cause
de bonté ; ni : Dieu n'est pas mauvais ; mais le
sens est : *Ce que nous appelons bonté dans les
créatures préexiste en Dieu selon un mode supérieur.* »

Approfondir cet admirable passage, c'est éclairer toute la question présente. Or, les éléments
de ce commentaire nous sont fournis par saint
Thomas lui-même dans la question à laquelle il
se réfère (1) et qui répond aux préoccupations
actuelles, parce qu'il répond aux préoccupations
éternelles.

*
* *

La première chose à se demander — à supposer
que Dieu puisse être atteint en tant que premier
Principe, ce que nous supposons prouvé — c'est si
ce Principe premier doit être compris à la façon
d'un *indéterminé potentiel* qui se développe, ou
à la façon d'un *acte* antérieur aux choses, et que
celles-ci expriment ou manifestent à leur manière.

La première hypothèse est attribuée par Aristote aux Pythagoriciens et à Speusippe (2) ; c'est

---

(1) *Sum. theol.*, q. IV ; cf. adhuc q. II, *De Veritate*, art. 1.

(2) XII *Métaphys.*, apud D. Th. lect. 8.

dire qu'elle n'est pas très nouvelle. On sait assez quels développements elle a pris de nos jours et quelles ténèbres elle a jetées sur la philosophie contemporaine.

Saint Thomas la réfute d'après les principes de la *puissance* et de l'*acte*.

Il y a bien en effet, dit-il, un premier principe indéterminé, base de l'évolution universelle, à savoir le principe matériel, la potentialité pure que l'effort de la nature mène à l'acte ; mais ce principe ne suffit pas, et ce n'est pas lui que nous pouvons appeler Dieu. Ce qu'on appelle Dieu, c'est le premier principe efficient ; or, celui-ci ne saurait être indéterminé dans le sens d'*impar-fait,* et s'il convient de le dire indéterminé en un autre sens, ce sera par perfection pleine.

Qu'est-ce que l'agent, en effet, si ce n'est ce qui fait passer la puissance à l'acte ? Et comment le ferait-il, si lui-même n'était d'abord en acte ? Partout et toujours l'acte précède la puissance, et si la graine est le principe de l'arbre, c'est en vertu d'un agent d'où elle-même procède et qui contient virtuellement ce qui en doit sortir. Il faut donc supposer à la base de l'activité universelle un agent qui contienne en soi l'*acte* qu'elle manifeste ; qui soit donc lui-même *acte, perfection, être plein,* et cela au degré suprême.

Il s'ensuivra (1) que les perfections égrenées dans les créatures, et dont chacune représente un certain aspect de l'être, un *acte* défini et limité, une *essence,* devront se retrouver dans le premier Agent, non telles qu'elles sont ici, mais *à l'état de synthèse,* dans la virtualité totale de l'*Acte pur,* de l'*Etre subsistant,* à la manière dont la lumière contient ce qui s'épanouit sous son influence.

Comment, en effet, le Principe de l'être ne pos-

(1) *Ibid.,* art. 2.

séderait-il pas tout l'être, et comment les essences qui en épanouissent la notion pourraient-elles prétendre faire autre chose qu'épanouir aussi la perfection suprême du premier Existant qui est leur source ? Une perfection, ou qualité — on prend ici ce mot dans son sens générique — perfectionne son sujet non en tant que juxtaposée à lui, mais bien en qualifiant son *être*. Ce qu'on appelle posséder la sagesse, c'est *être* sage, c'est-à-dire être d'une certaine façon que le mot sage entend déterminer. Or, si Dieu *est* pleinement, en tant que principe de tout l'être, rien ne peut lui manquer de ce que les mots que nous employons ainsi déterminent. Peu importe que cela ne soit pas *déterminé* en lui, ainsi que nous le verrons : cela y *est*, et cela suffit pour qu'on dise : Il est universellement parfait.

Si nous ne pouvons prétendre, nous, ni nulle créature, à cette perfection pleine, c'est que dans une large mesure nous ne *sommes* pas. Les essences se partagent l'être, et nous n'en avons qu'une, et nous ne la réalisons même qu'imparfaitement. Tout le reste nous demeure étranger. Mais Dieu, qui est source de l'être possède tout l'être, et rien de ce qu'on désigne sous ce nom ne peut donc prétendre à quelque chose qu'il n'ait point, à moins précisément que ce ne soit un *vide*. Dieu *est* pleinement, et cela équivaut à dire : Il est parfait.

Cette notion de perfection divine s'éclaire encore à l'article 3, à propos de la question : Est-ce qu'une créature peut être semblable à Dieu ? Cette question, en effet, dans la pensée de saint Thomas revient à demander si le genre de perfection qui convient à Dieu peut être participé, et comment, par la créature. Elle tend donc à éclaircir aussi la question à nous proposée.

Or, la réponse est celle-ci. La similitude en

général naît d'une détermination identique dans les objets que l'on considère. Appelons *forme* le principe déterminateur : nous dirons que deux êtres sont semblables quand ils communiquent dans leur forme. Or, cela se peut de trois façons.

La forme participée ici et là peut être participée selon la même *raison* (c'est-à-dire de façon à répondre au même concept) et en même temps selon le même *mode* (c'est-à-dire dans la même mesure), et alors, il y a non seulement similitude, mais égalité dans cette similitude, et par suite similitude complète. Telles au point de vue couleur deux murailles également blanches.

Ou bien la forme participée l'est bien encore selon la même raison, mais non plus selon le même mode. Il y a alors similitude réelle, mais avec une différence de degré, et par conséquent, déjà, similitude imparfaite.

Notons que le point de vue anthropomorphique, en ce qui concerne Dieu, consisterait à s'arrêter là et à dire : L'homme est semblable à Dieu, et par conséquent les notions applicables à l'homme tons applicables à Dieu avec une différence de degré, dût-on porter ce degré à la limite sans consentir toutefois à changer de genre. Nous allons voir combien ce point de vue et celui de saint Thomas diffèrent (1).

La troisième façon de similitude consiste, pour deux êtres, à communiquer dans la même forme, mais selon des *raisons* différentes , c'est-à-dire que ce qui se trouve dans l'un réalisé en une certaine nature d'*acte,* répondant en nous à tel concept défini, se trouvera dans l'autre réalisé autrement, de façon soit à correspondre à un autre concept, comme nous le disions tout à l'heure de la lumière par rapport à ce qu'elle engendre, soit

____

(1) Cf. i *Contra Gentes.* **c.** XXVIII.

à dépasser tout concept, ne pouvant être représenté correctement par aucun.

Ce dernier cas sera celui de Dieu. Mais toujours sera-t-il qu'une certaine *ressemblance* devra être admise entre lui et nous par cela seul qu'il est Principe. On ne comprend pas, en effet, ainsi qu'on le disait à l'instant, qu'un agent puisse agir autrement qu'en communiquant d'une façon ou d'une autre ce qu'il possède. La causalité est évidemment une *communication* d'un certain genre, de telle sorte qu'à constater ce qu'acquiert le patient on le puisse attribuer à l'agent à titre *d'équivalent,* sous une forme quelconque. Cette conclusion n'est pas ambitieuse : la plupart des théories de la *cause* s'en peuvent accommoder. Or, cela suffit ici. Ce qu'on dit être commun à la cause comme telle et à l'effet comme tel, c'est ce qu'en philosophie thomiste on appelle l'*acte ;* c'est ce que saint Thomas appelle ici *communicatio in forma,* en prenant ce dernier mot, qui est celui du principe déterminateur, dans son sens le plus générique. On ne nie donc pas pour cela qu'il ne puisse y avoir, en passant de l'agent au patient, une *transformation d'acte,* et que celle-ci, relative dans le cas des agents créés, ne puisse aller, quand il s'agit de la divinité et de ses effets, jusqu'aux limites de l'incommensurable. Si l'agent est *univoque,* c'est-à-dire, s'il tend à produire, à niveau, un être de même espèce, il y aura, entre l'agent et l'effet, une ressemblance d'*espèce.* Si l'agent occupe le rang d'une cause générale, il n'y aura entre lui et son effet qu'une similitude de genre. Enfin, si l'agent est en dehors des espèces et des genres, comme c'est le cas de Dieu, ses effets ne pourront lui ressembler ni en espèce ni en genre, mais seulement selon une analogie telle quelle (*aliqualem analogiam*), analogie qui s'appuie sur ceci que les créatures sont *être,* et qu'elles sont donc semblables, *en tant que telles,* au premier et universel principe de tout l'être (1).

Nous sommes bien loin de l'anthropomorphisme !

*
* *

Il faut maintenant, partant de cette notion, en tirer les conclusions relatives à la manière dont nous pouvons parler de Dieu, et croire, parlant de lui, exprimer réellement sa nature.

Il y a là, on le voit, deux questions assez distinctes.

Premièrement, que peut-on dire de Dieu avec vérité et que n'en doit-on pas dire ?

Deuxièmement, s'il s'agit de ce qu'on en peut ou doit dire, quelle valeur accorder à ces *vérités,* et en quel sens prétendent-elles ou ne prétendent-elles pas exprimer Dieu ?

La question générale posée dans ce travail se trouve ainsi serrée de plus près, et nous en possédons les principes.

Or, voici ce qu'en dit notre auteur (2).

Puisque nous attribuons à Dieu toute perfection attribuable à la créature, mais que nous disons de cette perfection qu'elle est en Dieu selon un mode supérieur, tout nom qui impliquera une perfection sans inclure aucun mode sera applicable indifféremment à Dieu et à la créature. Ainsi nous attribuons à Dieu la *connaissance,* parce que le mot connaissance abstrait de toute façon spéciale de connaître, et que par là il laisse place à la transcendance. Au contraire, tout nom qui impliquera l'imperfection du mode créé ne

(1) *Loc. cit.*

(2) Nous suivons surtout, ici, le *Contra Gentes* (l. I, c. xxx-xxxvi), où la suite de la doctrine est plus apparente. Cf. adhuc I Sent. Dist. xxii, q. ii.

sera point applicable à Dieu, à moins que ce ne
soit par métaphore. C'est ainsi que nous disons :
Dieu voit, Dieu entend, Dieu se met en colère.
Et finalement, tout nom qui portera dans sa signification même l'indication du mode transcendant
qui convient à Dieu jouera à son égard le rôle de
nom propre : telles les expressions *Souverain
Bien, Premier Etre, Cause suprême,* etc...

Toutefois, cela ne fait qu'effleurer la difficulté ;
car lorsque nous disons de certains noms qu'ils
expriment des perfections sans défaut, par conséquent des perfections applicables à Dieu, nous
en parlons *quant à la chose même que veulent
désigner ces noms,* à savoir le degré de *perfection,* d'acte, d'être, en un mot, qu'ils impliquent ;
mais non pas *quant à la façon dont nos mots le
peuvent exprimer,* puisque ceux-ci, empruntés
toujours à l'ordre humain, impliquent toujours,
comme tels, une imperfection.

Nous touchons là à une distinction qui sert à
saint Thomas de cheville ouvrière, en tout ce qui
touche aux noms divins. Toujours il distingue,
d'une part, ce qu'il appelle *res significata,* ou *id
ad quod significandum nomen imponitur,* et
d'autre part, le *modus significandi* emprunté à
notre expérience.

Nos mots, en effet, expriment nos concepts,
comme nos concepts veulent exprimer les choses.
Or, nos concepts, nés du sensible, ne dépassent
pas, quant à leurs modes d'expression, les modes
du sensible.

Tout ce que nous signifions, nous le signifions
soit comme *essence,* comme lorsque nous disons
la *bonté,* soit comme *sujet* possédant cette essence,
comme lorsque nous employons le mot *bon.* Or,
la bonté *ainsi signifiée* n'est pas chose subsistante, et n'est donc pas, comme telle, applicable
à Dieu en qui nous sommes tenus de ne rien

concevoir qui ne soit subsistant, sous peine d'aller au blasphème et au ridicule.

De son côté, le mot *bon* désigne un subsistant ; mais par cela même, selon le langage humain, il implique une composition dans l'être ainsi désigné. Un être bon, c'est un être qui *possède* la bonté, et qui ne fait donc pas un avec elle. Or, en Dieu, tout est un, et le mot *bon,* ainsi pris, ne lui est donc pas applicable.

Par ailleurs, puisque les essences divisent l'être, toute essence exprimée à part implique limitation et détermination négative. C'est en ce sens que Spinoza a pu dire avec vérité : *Omnis determinatio est negatio;* car toute détermination, dans l'ordre des choses que nous connaissons et auxquelles nous empruntons notre langage, se fait par attribution d'une *certaine* essence, que le langage exprime dans son unité. Or, qui dit unité dit corrélativement exclusion, puisque l'*un* se définit : *Indivisum in se et divisum a quolibet alio.*

En s'en tenant donc à la teneur naturelle et courante du langage humain, en connotant ses *modes,* il serait faux de dire : Dieu est bon ; car, Dieu est bon, cela voudrait dire alors : Dieu possède, *sous une forme distincte et définie en soi,* cette qualité que nous appelons la bonté ; or, cela est plus que faux, cela est ridicule (*omnino erroneum et ridiculum*) (1).

Dieu possède la bonté uniquement et exclusivement *en tant que principe de l'être,* et en tant que l'être incluant toutes les essences et servant d'accolade à leurs perfections, on ne peut refuser sans blasphème aucune de celles-ci à Celui qui en est la source. Seulement, sa façon à Lui de les posséder n'est pas celle des créatures. Celles-ci

____

(1) Quæst. II, *de Veritate,* art. 1, init.

émiettent la perfection : Dieu l'unifie et en efface
toutes les limites, de sorte que, sous cet angle, il
n'y a plus en lui ni *essence,* ni *qualités,* ni *attributs* possibles. Il devient faux de parler de *ses*
perfections, bien qu'on affirme *sa* perfection,
perfection qui les comprend toutes, à savoir celle
de l'*être* contemplé dans sa source.

Qu'on prenne bien garde à ces dernières expressions, et qu'on n'aille pas penser que si les autres
qualités sont refusées à Dieu *en nature,* du
moins l'*être* lui appartient sans restriction aucune
et sans nulle correction de nos concepts. Cela
n'est pas moins faux que le reste. C'est bien universellement que saint Thomas répète à chaque
instant cette formule : *Nihil dicitur univoce de
Deo et creaturis* (1).

On trouve dans les *Pensées* de Pascal cette
phrase tant de fois citée : « S'il y a un Dieu, il est
infiniment incompréhensible... Nous sommes
incapables de connaître ni ce qu'il est, *ni s'il est.* »
Je suis porté à croire que ces mots n'expriment
pas précisément, chez Pascal, l'impossibilité pré-
tendue de démontrer Dieu, impossibilité que
Pascal n'exprime nulle part ailleurs dans les
termes absolus qu'on vient de lire ; mais bien, à
un niveau très supérieur, l'impossibilité de ratta-
cher Dieu, *de plano,* à aucun de nos concepts,
même le plus épuré, celui de l'être. On voit assez
que ces deux idées ne sont pas identiques. La
première est une erreur philosophique; la seconde
est la plus haute vérité que nous puissions
atteindre (2). L'Aréopagite n'a-t-il pas dit, à
coup sûr aussi audacieusement que Pascal : « La
connaissance a pour objet les existants, et Dieu

____

(1) *Sum. Theol.,* I* pars, q. xiii, art. 5.
(2) Q. ii *de Verit.,* art. 1, ad 9ᵐ.

est au-dessus de toute existence (1). » Les grands mystiques thomistes n'ont-ils point parlé avec une sorte d'épouvante religieuse du *néant de Dieu*, et de la supériorité de la nuit sur le jour pour exprimer ce qu'il est ?

A vrai dire, le mot *être* appliqué à Dieu possède quelque avantage sur les autres. Saint Thomas en fournit les raisons (2) en s'appuyant sur les principes que nous avons exposés d'après sa doctrine. C'est d'abord que le mot être n'exprime aucune essence, et que par là il convient particulièrement à Dieu, qui n'a pas d'essence définie ou définissable. C'est en second lieu à cause de son universalité, due elle-même à son indétermination, laquelle le met à même d'exprimer en le déformant le moins possible le *pelagus substantiæ infinitum et indeterminatum* de saint Jean Damascène. C'est enfin la façon spéciale dont il se présente dans la définition biblique : *Celui qui est*, façon qui ouvre une perspective sur une mesure de durée qui n'en est pas une, à savoir l'indéfectible, et indivisible, et immuable éternité.

Mais s'il y a lieu, pour ces motifs, d'accorder une certaine supériorité au mot *être*, il faut pourtant comprendre que cette supériorité est toute relative. La critique que nous venons de faire des mots humains s'applique à lui d'une façon à peine atténuée. Lui aussi, au concret, exprime un *sujet* que nous concevons comme distinct de l'être qui lui arrive, et à l'abstrait, une *qualité*, ou *essence générale*. L'*être* dont nous parlons est toujours ou bien *res existens*, ou bien *actus existentis*, et dans les deux cas il faut dire : *Absit hoc a magno Deo*.

(1) Cité par S. Th., In I Sent., q. i, art. 1, arg. 1.
(2) I* pars, q. xiii, art. 11.

Quand nous disons : Dieu *est*, ce dernier mot n'entend point attribuer l'être à Dieu à titre d'essence ; pas davantage le poser comme *sujet*, lequel serait existant. En Dieu, le sujet et l'essence s'évanouissent également dans l'ineffable. Notre proposition emploie donc le mot être uniquement à titre de lien logique d'une proposition vraie, c'est-à-dire qu'il exprime simplement une relation unilatérale *de esse*, l'être créé fournissant de cette relation l'un des termes ; l'autre restant à l'inconnaissable tout pur, et ne pouvant se nommer que par le premier (*Deus est simpliciter innomabilis ; nomabilis autem secundum quid, scilicet ex creaturis*) (1).

Pour cette raison, saint Thomas répète à plusieurs reprises que Dieu n'est proprement la matière d'aucune science, non pas même de la métaphysique. Celle-ci pourtant est bien la science de l'être en tant que tel (*ens in quantum ens*) et Dieu y devrait donc entrer à ce titre, si, *de plano*, là notion d'être lui était applicable. Mais non ; Il lui est transcendant, et ce n'est qu'à titre de Principe de l'être, Principe ineffable et innommable, que Dieu intervient dans la spéculation métaphysique (2). Une telle façon de ramener Dieu à l'être ne le met donc pas *dedans*, mais

(1) « Quand nous nous avançons vers Dieu par la voie d'exclusion (*per viam remotionis*), nous nions d'abord de lui les choses corporelles, et ensuite les choses intellectuelles elles-mêmes, pour autant qu'elles sont dans les créatures, comme la bonté et la sagesse. Alors il ne reste plus dans notre intellect que ceci : Il est, et rien de plus. Mais pour finir, ce même être, pour autant qu'il se trouve dans les créatures, nous le nions de lui, et alors il demeure dans une sorte de nuit d'ignorance (*in quadam tenebra ignorantiæ*), et c'est cette ignorance, autant qu'il appartient à cette vie, qui nous unit à Dieu de la façon la plus parfaite, ainsi que le dit Denys. Tel est le nuage dont il est dit dans l'Ecriture que Dieu y habite. » (In I Sent. Dist. XIII, q. I, art. 1, ad 4m).

(2) In *Met. Procemium*.

au-dessus : Ce n'est pas Dieu qui est dans l'être,
c'est l'être qui est en Dieu : *In ipso vivimus,
movemur et* sumus.

Qu'on prenne bien garde, pourtant, qu'en
disant : La proposition *Dieu est* ne pose pas Dieu
dans l'être, on ne dit pas équivalemment qu'elle
le pose seulement dans la raison. Vacherot et ses
émules raisonneraient de la sorte ; mais une
pareille conclusion est trop hâtive. On a le droit
de demander si au-dessus de l'être comme au-
dessus de la raison, il n'y a rien, et précisément
la proposition *Dieu est* pose quelque chose de tel,
à savoir un Super-Etre et une Super-Raison.

Cette réponse mérite quelque commentaire.
Voici celui que nous fournit l'Aquinate.
Etre se dit en deux sens. Il signifie d'abord
l'*acte d'être*, c'est-à-dire ce qui pose une nature
d'abord idéalement définie dans la réalité de
l'existence. Pris en ce sens-là, l'être est une chose
désignée et qualifiée proportionnellement à la
nature dont on parle. Prétendre connaître l'un,
ce serait prétendre connaître l'autre. Prétendre
inclure l'un dans une proposition, ce serait y
vouloir inclure l'autre, et quand il s'agit de Dieu,
dire en ce sens-là : *Il est,* ou : Il est *être,* ce serait
prétendre le définir ; ce serait répondre, à son
sujet, non plus à la question *an sit* régulièrement
comprise, mais à la question *quid sit* (1), chose
défendue en théologie. Ce serait donc jeter Dieu
aux catégories : car à la question *quid,* on ne peut
répondre que par appel aux catégories, et l'*être*

(1) Cf. q. I, *de malo,* a. 1, ad 19 : « *Esse* aliquid *non solum significat quod respondetur ad quæstionem* an est, sed etiam quod respondetur ad quæstionem *quid est.* »

dont il est question alors est celui que les catégories se partagent (1).

Il faut donc rejeter ce sens et en revenir à l'autre. Etre, alors, n'entre en la proposition qui exprime le jugement d'existence qu'à titre de lien logique. Il est être de raison (2). Il ne dit rien, de soi, qui permette de qualifier son sujet comme un *être*, qui permette d'affirmer sa positivité, car *positif*, et *être*, en ce sens-là, répondent à une question de nature ; ce n'est plus la question *an sit* laissée à sa virginité.

Quand par exemple on dit : La cécité est, le mal est, on n'entend pas leur conférer par cela seul une existence positive. C'est là un problème qui demeure réservé, comme appartenant à la question *quid* ; la réponse, d'ailleurs, sera négative. Quand il s'agit de Dieu, le problème de nature est également réservé, tellement réservé que certains diront légitimement : Il n'a pas de nature (3) ; ou si l'on dit : Il en a une, on ajoutera : Elle est inaccessible, et l'acte d'être de cette nature l'est donc aussi, et la proposition *Dieu est*, ou *Dieu est être*, ne le signifie donc pas, ne le « caractérise » donc pas.

Il ne s'ensuit aucunement que le cas de Dieu soit le même que celui de la privation, auquel nous faisions allusion tout à l'heure. Dieu, à coup sûr, n'est pas une privation : il est *super-réel*, puisque c'est lui qui doit fonder le réel ; mais de ce qu'il n'est pas une privation, il ne s'ensuit pas qu'il soit un *être*. Son cas est singulier, parce qu'il est transcendant à toute différence.

---

(1) *Et sic esse non attribuitur nisi rebus ipsis quæ in decem generibus continentur* (Quodl. IX, art. **3**.)

(2) II, Dist. XXXVII, q. I, art. 2, ad 3ᵐ, et 7 de *Potentia*, art. 2, ad 1ᵐ.

(3) *De Ente et Essentia*, c. VI.

Quand je dis : La cécité est, je veux dire qu'il y a des aveugles, et je signifie donc, en même temps qu'un manque, une positivité qui l'appuie ; seulement celle-ci n'est qu'indirectement le sujet de ma phrase ; directement, j'ai signifié un manque, un non-être. Dans le cas de Dieu, c'est l'inverse qui se produit. Je dis : *Dieu est,* en partant de l'univers considéré dans sa réalité indigente ; je dois donc inclure dans ce que je conçois comme le fondement de vérité de cette proposition ce qui peut permettre à ce postulat de jouer son rôle, et ma proposition se référera donc : directement à Dieu en soi, et, indirectement, comme au fondement dernier de la vérité que j'énonce, à l'indigence des créatures. Toujours est-il que, dans un cas comme dans l'autre, l'être contenu dans la phrase qui exprime le jugement d'existence abstrait, de soi, de la réalité ou de la non-réalité de son objet, et qu'il ne suffit pas d'avoir dit : Dieu est, et cette proposition est vraie, pour avoir rangé Dieu dans l'être.

Nous paraissons ici nous enfoncer dans des subtilités bien ténues, mais qui a fréquenté les sommets de la pensée thomiste sait à merveille que les plus hautes questions métaphysiques : celle du mal, celle de la création, celle de la motion divine et de la providence... sont placées par le docteur angélique sous l'égide de cette affirmation : Dieu est au-dessus de l'être : *extra totum ordinem entium existens* (1).

A fortiori, la question de Dieu envisagé comme objet de connaissance est-elle en dépendance de cette thèse.

L'anthropomorphisme découle tout entier de cette proposition émise en dehors des précautions que de droit : Dieu est *être.* Dès qu'on l'admet,

____

(1) *In Perihormeneias,* lect. 14, n° 22.

sans y joindre aussitôt l'universel correctif thomiste, à savoir cette autre proposition sans cesse méconnue : Nihil *dicitur univoce de Deo et creaturis,* on a le pied dans l'erreur. Et l'on y tombera de plus en plus ; car on aura tôt fait de s'apercevoir que l'être n'est qu'une accolade d'essences ; qu'il faut remplir ce cadre vide, et alors, qu'on y prenne garde, ce n'est plus seulement l'anthropomorphisme ; à travers lui, c'est le panthéisme, à qui l'on va tendre la main. Si l'on accorde l'être à Dieu *en nature,* il faut le lui accorder tout entier, et alors de deux choses l'une : ou il s'agit de l'être abstrait, et nous sommes dans le panthéisme idéaliste ou logique à la façon de Vacherot ; ou il s'agit de l'être concret, et nous versons dans le panthéisme matérialiste ou substantialiste à la façon de Spinoza ou de Hæckel.

Conclusion nécessaire : Le mot être, dans le sens où il est affirmé de Dieu, doit être nié de nous ; dans le sens où il est affirmé de nous, doit être nié de Dieu. Si Dieu *est,* nous ne sommes point ; si nous *sommes,* Dieu n'est point.

*
* *

Pour ces raisons, saint Thomas affirme sans restriction que les noms humains, même les meilleurs, peuvent être niés de Dieu aussi bien qu'ils en peuvent être affirmés, *possunt et affirmari de Deo et negari.* Il est vrai de dire : Dieu est bon, et il est vrai de dire : Dieu n'est pas bon. Non pas certes pour dire : Il est mauvais, ou : Il ne s'occupe pas de nous, ni rien d'autre semblable ; mais dans le sens transcendant énoncé tout à l'heure, à savoir qu'il n'y a en lui ni essence, ni qualité, ni perfection définie à part ; mais seulement l'océan de l'être, ou pour mieux dire sa source, sans plus de cloisons qu'elle n'a de limites. De même, ces expressions : *Dieu est*, Dieu est *Celui qui est*, sont vraies par rapport à l'affirmation contraire, en tant que l'athée formel en disant : Dieu n'est pas, ou l'athée déguisé, comme Renouvier, en disant : Dieu n'est pas l'être, entendent refuser à Dieu le plein qui peut combler le vide des choses, et qu'ils refusent ainsi à la pensée le droit d'aller au bout de ses démarches ; à la réalité, le pouvoir de se fonder et par conséquent de subsister.

Mais si l'on prétendait par là définir, même au minimum, et ranger Dieu vraiment dans la catégorie de l'être, non seulement cela ne serait pas bien, cela serait un blasphème.

Et inversement, celui qui dirait : Dieu n'est pas, non point pour nier ce postulat suprême de l'être, mais pour signifier qu'étant le postulat de l'être, il n'y est point compris, qu'il le dépasse, et qu'il est *Super-Ens,* celui-là non seulement ne serait pas athée, mais serait le seul déiste.

Quant à essayer de signifier le mode de suréminence qui exclurait de nos mots toute équivoque, et qui ne permettrait plus de les nier avec vérité, nous ne le pouvons pas ; car il faudrait pour cela connaître Dieu en lui-même ; saisir cette unité riche d'une multiplicité virtuelle et formelle infinie, et cela nous est impossible. La seule façon en notre pouvoir de connoter le mode divin est négative, comme lorsque nous disons : Dieu est éternel, pour dire qu'il n'est pas dans le temps ; ou : Il est infini, pour dire qu'il n'est pas limité en essence ; ou : Il est immense, pour dire qu'il n'est pas dans l'espace. Ou bien alors nous nous appuyons sur les relations de la créature à Dieu, et pour signifier de quelle façon il est bon, nous disons : Il est le Souverain Bien ; de quelle façon il est intelligent : Il est l'Intelligence première ; de quelle façon il est cause : Il est la

Cause suprême ; de quelle façon il est : Il est l'Etre premier, comme pour dire : Il est bon, intelligent, cause, être, etc., à la façon dont il convient que le soit Celui qui est la source de toute bonté, de toute intelligence, de toute cause, de tout être. Et il est trop clair que cela n'apprend rien. On *refuse de rien refuser* à la Cause première : on *affirme* corrélativement qu'il faut lui accorder tout ce qui implique perfection dans son œuvre ; mais cette affirmation n'ajoute rien à la négation première ; cette exigence n'est que la forme positive de ce refus, et il reste vrai de dire : Nous ne savons pas ce que Dieu est ; mais seulement ce qu'il n'est pas et quelle relation soutient avec lui tout le reste. *Non enim de Deo capere possumus quid est, sed quid non est, et qualiter alia se habeant ad ipsum.*

Nous retrouvons ainsi, après un détour explicatif, la doctrine ci-dessus exprimée, à savoir qu'à propos de Dieu, la question *an est* ne se dépasse point, et que tous les termes qui soi-disant le définissent, voulant répondre à la question *quid est,* n'ont au fond qu'une valeur *négative ou relative* (1).

Les *Questions disputées* (II *de Potentia,* art. 5, ad 2ᵐ) contiennent un passage qui éclaire admirablement cette profonde doctrine. « Quand on déclare, dit-il, qu'on peut nier avec vérité tout ce qu'on a coutume d'affirmer de Dieu, il ne s'ensuit pas que ces affirmations soient fausses, mais seulement qu'elles sont insuffisantes et comme *incohérentes* (*incompactas*). En effet, quant à la chose que l'on veut signifier, elles sont vraies, puisqu'en Dieu, comme il a été dit, les qualités qu'on lui attribue existent *d'une certaine manière ;* mais la façon dont on signifie cette chose vraie est fau-

<hr>

(1) *Contra Gentes, loc. cit.*

tive ; car chacun des noms employés signifie une certaine qualité *définie*, et de cette manière-là, rien ne peut être attribué à Dieu, comme on l'a dit. C'est pourquoi les propositions dont on parle peuvent être absolument niées (*absolute negari possunt*) parce qu'elles ne conviennent pas *telles qu'elles sont affirmées*. Elles sont affirmées en effet telles qu'elles sont dans notre intelligence (les mots ne faisant que refléter les concepts), et elles ne conviennent à Dieu que d'une façon plus sublime (*sublimiori modo*). C'est pourquoi l'affirmation de ces mots est dite incohérente (*incompacta*) c'est-à-dire mal jointe d'une certaine manière, en raison du mode fautif qu'elle implique. A cause de cela, selon la doctrine de l'Aréopagite, il y a trois façons d'envisager les noms dont on parle. Premièrement, on les affirme, comme quand on dit : Dieu est sage, ce qu'il faut affirmer en effet pour cette raison qu'il y a en lui quelque chose qui correspond et qui ressemble à la sagesse humaine émanée de lui. Mais parce que la sagesse n'est pas en Dieu à la manière dont nous la comprenons et la signifions, on peut la nier avec vérité et dire : Dieu n'est pas sage. Enfin, parce que la sagesse n'est pas niée de Dieu dans la pensée de lui refuser quelque chose, à savoir la perfection même qui correspond à ce mot *sage*, mais seulement parce que la sagesse est en lui selon un mode supérieur à ce que nous pouvons dire ou penser, à cause de cela il faut dire : Dieu est *super-sage* (*supersapiens*). Par cette triple façon de s'exprimer on donne suffisamment à entendre de quelle façon nous pouvons nommer et qualifier Dieu. »

Il faut remarquer que cette doctrine avait déjà été exprimée en termes des plus précis par Albert le Grand, dans sa *Somme théologique* (Tract. III, q. XIII, Membr. I, *Solutio*) : « Je dis :

Dieu est une essence ; mais tout de suite et avec plus de force je le nie, disant : Dieu n'est pas une essence, puisqu'il n'est pas de ces choses qui se définissent pour nous par genre, différence et nombre. Et après cela, de cette opposition j'infère : Dieu est une essence au-dessus de toute essence, et, procédant ainsi, mon intelligence s'établit dans l'infini et s'y noie : *Stat in infinito et diffunditur in illo.* »

« Dieu n'existe, dit encore Albert, selon rien de ce qui appartient aux existants : *Secundum nihil existentium existens (Ibid.,* arg. I). Aussi disons-nous que par nos forces naturelles nous ne pouvons connaître de lui, d'un concept positif, rien autre chose si ce n'est qu'il est. Ce qu'il est, nous n'y atteignons que sous le mode de l'infini (*non potest cognosci nisi infinite*) ; j'entends par là que si nous disons par exemple : C'est une substance *incorporelle,* décision négative, nous ne pouvons pas ensuite déterminément dire quelle sorte de substance il est, ni en fixer le concept par genre, espèce, différence et nombre, de sorte que ce concept demeure indéfini, et *constitué seulement par la négation de ce qui finit les créatures* (1). »

Notons encore ces beaux passages :

« Dieu est à la fois *innommable omninommable.* Il est innommable, et l'Innommable est le plus beau de tous ses noms ; car cela le place d'emblée au-dessus de tout ce qu'on pourrait essayer d'en dire. » — « Tout nom qui voudrait l'exprimer demeure noyé dans l'infini de l'admiration : *Omne nomen ejus manet in admiratione infinitum.* » — « Dieu ne s'y montre que dans l'extase d'un esprit en suspens en face de l'ineffable : *Quolibet nomine significatus, in admiratione remanet suspensionis infinitæ* (2). » — « Nous savons

---

(1) *Ibid.,*q. xiv, Membr. i, Solutio.
(2) Tract. III, q. xvi, Ad 1ᵐ in contrarium.

désormais que de Dieu nous ne comprenons ce qu'il est que selon un mode indéterminé *(infinite)* ; mais déterminément nous savons ce qu'il n'est pas, et c'est pourquoi il n'est pas de nom défini qui, comme tel, lui convienne *(definite non nominatur)*. Et comme tout nom définit en la signifiant la substance de ce qu'elle nomme, puisqu'autrement le nom et la définition n'auraient plus le même objet différant simplement par l'implicite et l'explicite, il est clair que, *absolument parlant (simpliciter)*, Dieu est innommable, et qu'il est nommable seulement sous un certain rapport *(secundum aliquid)* (1). »

II

Nous sommes armés maintenant pour conclure et pour départager les doctrines.

L'agnosticisme consiste à dire : Puisque Dieu est au-dessus des genres et des espèces ; puisqu'il est au-dessus de l'existence dont les genres et les espèces se partagent la notion, et puisque, par ailleurs, nous ne connaissons rien que d'existant et ne définissons que par genres et espèces, Dieu nous est donc pleinement inaccessible. Il est l'Inconnaissable nécessaire ; notre meilleure façon de l'honorer, la seule qui lui convienne, c'est le silence. Nos paroles dites de lui non seulement sont insuffisantes, non seulement impliquent un mode déficient qui les rend fausses si l'on connote ce mode ; mais elles sont fausses *de toute manière,*

_____

(1) *Ibid.* — J'ai écrit un jour cette phrase : *Au point de vue absolu, tout ce que nous disons de Dieu est faux :* j'espère que ceux qui s'en sont étonnés voudront bien retrouver ici mes propres paroles sur des lèvres plus autorisées que les miennes.

ou pour mieux dire elles ne signifient rien et ne fournissent sur Dieu aucune indication utile.

Si l'on veut après cela concéder quelque chose, on dira : En face du grand mystère de Dieu, l'intelligence humaine, quelque impuissante qu'elle soit, ne peut se résigner à se taire. Afin de se satisfaire elle-même, elle l'invite à descendre au rang de ses *objets*, et elle tente de l'exprimer en fonction de son expérience. Mais ce travail étant purement arbitraire ne peut prétendre à rien poser qui possède une valeur objective. Nous restons dans notre ignorance : nous la couvrons seulement par des symboles.

L'agnosticisme ainsi teinté s'appelle le *symbolisme*, et quand il joint à ces théories des préoccupations morales, il félicite les religions de ce qu'elles ont réussi à mettre l'inaccessible au niveau de l'action, et à fournir des règles de vie où l'Inconnaissable est amené à jouer un rôle que ne joueraient point, peut-être, dans l'état actuel du monde, les plus grandes vérités attingibles.

Il est facile de voir en quoi une telle doctrine est fatale ; en quoi elle prépare pour demain, si ce n'est pour aujourd'hui, la ruine de cela même qu'elle prétend sauvegarder. Mais ce n'est pas notre objet. Nous cherchons où est le vrai, où est le faux. Or, d'après ce que nous avons établi, le partage se fait de lui-même.

L'agnosticisme et le symbolisme ont ceci de vrai que les notions employées par nous pour exprimer Dieu ne le *définissent* pas ; ils ont ceci de faux qu'ils ne se rendent pas compte de ce que comporte pourtant de parfaitement *positif,* quoique non *défini*, cette simple affirmation qu'ils admettent avec nous : Dieu est source.

Si Dieu est source, comment ne posséderait-il pas, *sous une forme quelconque (secundum ali-*

qualem analogiam), ce que les ruisseaux contiennent ? Or, cela suffit, on a pu l'entrevoir, pour rétablir, de conclusion en conclusion, toute la théodicée naturelle.

Le quiproquo entre le symbolisme et nous consiste en ce que celui-ci croit, ou feint de croire, qu'en posant à propos de Dieu des *affirmations*, nous prétendons en donner, par pièces, la *définition*, et, par malheur, toutes les façons de parler populaires, parfois même les dires de théologiens prêtent à cette confusion. Que de gens se figurent que, si nous avions dans l'esprit la liste complète de ce que nous appelons les attributs divins, nous connaîtrions Dieu tel qu'il est en lui-même ! Que d'autres pensent que Dieu comprend, se souvient, prévoit, s'inquiète, exauce, refuse, se décide à la façon humaine ! Les nécessités religieuses nous obligent à parler ainsi ; la Bible est pleine de ces façons de dire : et comment en employer d'autres ! Les plus épurées en apparence ne sont pas, tout au fond, moins fautives que celle-ci. Mais le malheur veut que, dans le domaine philosophique, on ne se défende pas toujours d'attacher à ces expressions le sens humain qui les rend philosophiquement dérisoires.

On a bien entendu parler de la doctrine de *l'analogie* ; on l'a puisée, dit-on, en saint Thomas, et l'on déclare l'embrasser comme traditionnelle ; mais beaucoup de ceux qui s'en recommandent ne se doutent guère des sacrifices intellectuels qu'elle comporte, ni du peu de rapport qu'elle offre avec leurs conceptions familières.

Quand on dit par exemple : Il y a analogie entre l'intelligence divine et la nôtre, entre la bonté de Dieu et la bonté des créatures, on entend fort souvent le mot *analogie* dans le sens français courant, c'est-à-dire comme une *ressemblance* permettant l'application d'un même concept, et impliquant seulement une différence de degré ou de valeur. Or, rien n'est plus contraire à l'idée de fond de l'analogie thomiste (1).

Nous avons vu qu'il y a entre les notions appliquées à Dieu et les mêmes notions appliquées à la créature une différence non seulement de degré, mais de genre, ou, pour mieux dire, puisque le divin est transcendant à tous les genres, qu'il y a entre elles une différence *incommensurable*. L'intelligence humaine est logée dans un genre ; l'intelligence divine n'est pas seulement dans un *autre*, elle est plus loin encore, puisqu'elle n'est dans *aucun*, et qu'il faut faire un saut dans le transcendant pour trouver le terme vers lequel s'oriente notre esprit en attribuant à Dieu l'intelligence.

Quelle résistance trouve en certains esprits cette conception pourtant si nécessaire ! *Inadéquates*, on concède facilement que les notions appliquées à Dieu le sont toujours ; mais l'inadéquat peut avoir cours dans le même genre d'objets et n'établir entre eux qu'une différence en quelque sorte quantitative. L'irritabilité du protozoaire sous l'action des rayons lumineux est, certes, inadéquate à la vision humaine : il y a cependant là des phénomènes du même genre. N'y aurait-il que cela entre l'intelligence divine et la nôtre ? Saint Thomas et Albert-le-Grand ne font nulle difficulté de dire, d'accord avec tous les grands penseurs, qu'il y a incomparablement plus de distance entre l'intelligence divine et l'intelligence humaine qu'entre celle-ci et la sensation, ou la végétation, ou la matérialité pure (2), ou même le néant. Il est vrai qu'ils ajoutent aussitôt : S'il y a plus de *distance*, il y a d'une certaine façon moins de *différence*, en ce que le

____

(1) Cf. q. vii, *de Potentia*, art. 7, ad 3ᵐ.

(2) ALBERT LE GRAND; Saint THOMAS : II *de Verit.*, art. 11, arg. 5.

mot intelligence appliqué à Dieu nous met à son égard dans une position d'esprit correcte, au lieu que le mot sensation ou le mot végétation ne le feraient point. Mais au point de vue de la définition de Dieu, toutes expressions sont également impuissantes, et ce n'est pas assez de dire : Elles sont *inadéquates*, il faut aller jusqu'à dire : Elles sont *impertinentes*, dans toute la mesure où elles prétendraient *définir*.

D'ailleurs, la doctrine ci-dessus exposée ne suffit-elle pas à le faire voir ? Si Dieu est *supérieur* à l'être, et par conséquent aussi *extérieur*, comment donc serait-il, en lui-même, connaissable et définissable ? La définition se fait par appel au genre, et Dieu est antérieur au genre suprême. La connaissance est relative aux existants, et Dieu est *au-dessus de toute existence*. Si l'être même ne peut correctement se voir attribué à Dieu en nature propre, *a fortiori* faut-il exclure de lui les catégories, qui en émiettent et en restreignent la notion. *Ab his omnibus*, dira saint Augustin en parlant d'elles, *proprietas Summæ Essentiæ evidenti ratione excluditur* (1). Je le crois bien ! Pour attribuer à Dieu quelque chose de défini et de définissable en fonction des catégories, il faudrait que chaque notion à lui attribuée comprît en même temps dans sa définition toutes les autres. Autrement elle serait fautive, comme découpant ce qui est un, comme posant des cloisons là où il y a simplicité au degré suprême. Or, qu'est-ce qu'une notion qui devrait se définir en enveloppant d'autres notions dont le défini, quoique divers, devrait en même temps être identique !... Quand nous disons : Dieu est sage, il faut comprendre, sous peine de blasphème, que la chose désignée, à savoir la sagesse divine, est la même

(1) *De cognitione veræ vitæ*, c. III.

identiquement que lorsque nous disons : Dieu est
bon, puisque ce qui est désigné, c'est son être. Les
noms n'en sont pas pour cela synonymes, puisqu'ils signifient tout d'abord nos pensées ; mais
en tant qu'à travers celles-ci ils entendent signifier Dieu lui-même, ils sont de valeur absolument
identique, et, par conséquent, de valeur nulle,
en tant que définitions de Dieu : *Impossibile est
quod per definitiones horum nominum definiatur
id quod est in Deo* (1).

Si les noms que nous donnons à Dieu préten-
daient à le définir, d'une façon totale ou partielle,
il s'ensuivrait que Dieu n'est pas un infini, mais
qu'une *essence,* élémentaire ou mixte, l'enferme.
Or, Dieu n'a pas d'essence différente de son être
même, et puisque tous nos noms expriment des
essences, ils ne peuvent lui convenir sans se cor-
riger à fond. La correction consiste, avons-nous
dit, à les porter à l'infini, ce qui ne veut pas dire,
ainsi que le croient quelques-uns, les exalter pour
les porter *à la limite de leur genre ;* mais bel et
bien leur enlever le sens *défini* qu'ils comportent ;
les *désessentier,* si je puis ainsi dire, pour ne plus
avoir qu'une *éminence formelle* qui en renferme
le contenu en un plus haut état, c'est-à-dire dans
l'inconnaissable. Comment, en effet, prétendre
connaître encore ce qu'on a *désessentié,* puisque
l'intelligence n'a d'autre objet à sa portée que les
essences ? Comment, chassant Dieu des catégories
avec saint Augustin, pourrions-nous en proférer
désormais, *de plano,* quoi que ce soit ?

On sait ce que c'est que les catégories, et l'on
doit donc savoir aussi qu'on peut sans doute les
distinguer de plus d'une manière, ne pas les distinguer du tout et les laisser à l'implicite ; mais
que, implicites ou explicites, classées ainsi ou

____

(1) *Compendium theol.,* c. x.

autrement, on ne peut, en dehors d'elles, ni définir, ni parler, ni penser, ni connaître, et donc que Dieu, qui en est dehors, se trouve très proprement indéfinissable, indicible, impensable et inconnaissable (1).

Il ne faut pas l'appeler substance ; il ne faut pas lui attribuer de qualités ; il ne faut le dire ni grand ni petit, ni ici ni là, ni aujourd'hui ni demain ; il ne faut le mettre, Lui, en relation avec rien, bien que tout soit relatif à lui, et même quand nous le nommons la Cause, ce qui est, je l'ai dit, notre façon de l'atteindre et de le nommer d'abord, il ne faut pas penser que nous lui appliquions ainsi la catégorie de cause. On nous le reproche toujours, et c'est un des grands arguments des athées ; mais un déiste conscient ne mérite point ce reproche. Dieu n'est pas cause, pour nous, plus qu'il n'est substance, qualité, quantité, relation ou quoi que ce soit. Dieu n'est pas cause à la façon de ce que nous nommons causes. Dieu n'est pas cause, puisqu'une cause est un être, et que Dieu n'est pas être. Il est *super-être,* et par conséquent *super-cause.* Et si l'on dit que l'emploi de ces mots implique encore l'usage des catégories, nous répondrons avec saint Grégoire le Grand : *Balbutiendo ut possumus excelsa Dei resonamus,* et notre dernier refuge sera dans cette affirmation, la vraie et la définitive, que le mot cause, comme le mot être, appliqué à lui, ne prétend rien poser en lui de définissable, mais qu'il implique seulement le postulat de l'indigence universelle, et que, comme nous l'appelons Premier Etre en tant qu'il est source d'être, ainsi nous l'appelons Source et Cause, en tant que nous nous

____

(1) Déjà Platon avait posé le *Bien* comme « supérieur à l'Essence », c'est-à-dire aux idées et aux catégories, par conséquent indéfinissable, bien qu'il soit source des essences, de leur réalisation dans l'espace ou dans la matière, et de leur double dans l'esprit (Cf. *Politeia.* l. IV.)

sentons, nous et notre univers, dépendants. C'est donc sur nous que se reversent finalement nos affirmations relatives à lui. Celles-ci ne le qualifient point en lui-même ; elles le qualifient *par rapport à nous*, et puisqu'il est convenu qu'il ne soutient, lui, aucun rapport réel avec autre chose, dire que ces expressions le qualifient *par rapport à nous*, cela revient à dire qu'elles le qualifient en raison de nos rapports avec lui, sous la forme de ces rapports.

Et c'est toujours à la même sentence thomiste que nous en revenons : *Nous ne savons pas ce que Dieu est ; mais ce qu'il n'est pas, et quel rapport soutient avec lui tout le reste.*

Saint Thomas va jusqu'à dire que Dieu n'est pas proprement, même en soi, un *intelligible* ; il est seulement le Principe des intelligibles, et c'est en tant que tel qu'il a rapport à la connaissance, ou pour mieux dire que la connaissance a rapport à lui. Si nous pouvons le connaître et en parler d'une certaine manière, *balbutiendo ut possumus*, ce n'est pas qu'il soit intelligible, lui, mais parce que ses effets le sont (1), et après tous les efforts de l'esprit, il faut dire : *Deo non conjungimur nisi quasi ignoto* (2). C'est la forme intellectuelle de la parole évangélique, applicable à tous les domaines du relatif : *Quando feceritis omnia,... dicite : Servi inutiles sumus.*

Je veux noter encore une thèse thomiste belle en soi, fort éclairante par rapport à ce qui nous occupe, c'est celle que saint Thomas propose sous ce titre : *Utrum nomina per prius dicantur de creaturis, an de Deo.* La conclusion en est que la chose signifiée par nos mots (*res nominum*) est évidemment en Dieu d'abord, puisqu'il en est

---

(1) In Boet, *de Trinitate*, q. I, art. 2.
(2) *Ibid.*, ad 4ᵐ.

la source ; en nous ensuite, en tant que ses dérivés. Seulement cette chose est en Lui à sa manière à lui (*secumdum suum modum*), et ce mode
n'est aucunement exprimé par nos mots, ni contenu dans le concept que ces mots représentent,
et c'est pourquoi la *ratio nominis,* c'est-à-dire
la valeur conceptuelle de chaque terme, sa valeur
de définition, telle que l'implique le dictionnaire,
est tout d'abord attribuable à nous, à Dieu ensuite
par extension analogique.

On peut saisir ici le double mouvement de la
pensée s'appliquant à Dieu, et le renversement
alternatif de ses axes. D'une part, posant en face
de soi ces deux termes de relation : Dieu et la
créature ; ne voyant dans les mots destinés à en
parler ni leurs contours définis en *concepts,* ni
ni les découpages déficients qu'ils opèrent, mais
n'en prenant que la valeur ontologique, la *matière d'être*, si je puis ainsi dire, l'esprit affirme,
ce qui d'ailleurs était inclus dans la preuve de
Dieu, ainsi que je l'ai fait voir : Dieu est, et nous
ne sommes, nous, que par participation de son
être. Dieu est intelligent, bon, sage, puissant...
et notre universelle déficience ne s'attribue ces
noms que par emprunt (*per participationem*) ne
les méritant point d'elle-même. « Je suis Celui
qui est, disait le Sauveur à une sainte en sa vision
mystique ; toi, tu es celle qui n'est pas. » Et c'est
aussi le point de vue évangélique dans cette
parole adressée au jeune homme riche : « Pourquoi m'appelles-tu bon ? Personne n'est bon si ce
n'est Dieu. »

Seulement, parlant ainsi, nous exprimons ce
que j'appellerai *l'ordre du réel ;* nous connotons
la dépendance de toute chose à son Principe ;
c'est même cela seul, au fond, que nous redisons
en l'explicitant, et nous sous-entendons le principe d'analogie, en raison duquel on a convenu
— non arbitrairement d'ailleurs — d'appeler

Etre la Source d'être, et puis d'épanouir ce mot en gerbe d'attributs, comme la lumière que le prisme épanouit en couleurs. Mais, d'autre part, si nous voulons considérer les mots dans leur valeur conceptuelle, dans leur valeur de définition, car cela revient au même (*ratio quam significat nomen est definitio*), alors, toutes les propositions se retournent ; nos termes, ainsi fixés aux modes humains, s'avilissent au point de ne pouvoir plus servir, pour qualifier la Cause première, et l'on se voit obligé de nier tout ce qu'on affirmait de lui tout à l'heure, pour cette raison qu'on l'a trop affirmé de nous. *Nihil dicitur univoce de Deo et creaturis. Nomina dicta de Deo possunt et affirmari et negari ; absolutè negari possunt ; veriùs removentur a Deo quam de eo predicentur.*

Nous voici donc au nihilisme absolu relativement à la *notion* de Dieu, à la *définition* de Dieu, au *concept* de Dieu. C'est-à-dire que nous n'avons de lui, à proprement parler, ni notion, ni définition, ni concept.

Que signifie donc l'*analogie* affirmée par les grands scolastiques entre les notions attribuées en commun à Dieu et à la créature ?

*

Analogie ne signifie pas *ressemblance* au sens français du mot, ce qui impliquerait philosophiquement, d'après la façon ordinaire de comprendre, qu'il y a, de nous à Dieu, *participation à des concepts définis et communs*. Analogie signifie simplement proportion, rapport, et de quelle manière la proportion ou le rapport se doivent comprendre ici, c'est ce qui ressort du rang qu'on donne à *l'analogue* dans la série logique des concepts.

Pour saint Thomas, *l'analogue* s'insère entre l'équivoque pur, ou rencontre verbale arbitraire, et l'*univoque*, qui supposerait la participation à une notion commune. Il départage ces deux extrêmes conceptions et en extrait ce qu'elles contiennent de vrai l'une et l'autre.

« Les noms imposés en commun à Dieu et aux créatures, dit le *Compendium theologiœ*, ne sont dits ni d'une façon purement équivoque, ni d'une façon purement univoque. Pour que ce dernier cas se réalisât, il faudrait que les attributs prêtés à Dieu et les attributs correspondants chez la créature eussent même définition ; or cela n'est point. »

Nous avons dit, en effet, que les attributs divins ne correspondent point, du côté de Dieu, à des notions définies et distinctes, mais bien à un *indéterminé de perfection,* dont le caractère de source nous oblige à affirmer la plénitude, dont la richesse d'*acte,* une en soi, sert ensuite de fondement à nos attributions diverses, mais sans que celles-ci puissent prétendre, dans leur diversité, qualifier nommément des perfections correspondantes à chacune d'elles.

Il y a donc là une *certaine équivoque,* si l'équivoque se définit d'une façon générale par la négation d'un concept commun, sans dire d'ailleurs si la diversité des concepts est *quelconque* (1).

Je dis bien : négation d'un concept commun ; car il n'y a pas, dans le cas que nous étudions, diversité de concepts à proprement parler ; il y a d'un côté un concept, par exemple celui de sagesse ; de l'autre, l'absence de concept défini, les

____

(1) I pars, q. XIII, art. 10, ad 4ᵐ.

mots appliqués à Dieu signifiant « *infinite* », c’est-à-dire indéterminément, sans que nul concept puisse prétendre enfermer le significat et l’exprimer en lui-même. Il y a donc là une *équivoque* spéciale, que le cas de Dieu peut seul nous présenter, lui seul prêtant matière à des notions et à des paroles qui mettent en cause le transcendant.

Mais il y a plus, les notions appliquées en commun à Dieu et à la créature eussent-elles, par impossible, une définition identique en tant que formes d’être, saint Thomas insiste pour dire que cela ne lèverait pas entièrement l’équivoque. N’y a-t-il pas équivoque, dit-il, à appeler *maison* le plan d’un architecte? Pourquoi, sinon parce que l’idée de maison se trouve réalisée ici et là d’une façon entièrement différente. Or, à supposer que la bonté, par exemple, fût en Dieu ce qu’elle est dans la créature, elle y serait pourtant réalisée d’une façon transcendantalement différente, puisqu’elle y serait subsistante, au lieu d’appartenir au genre *qualité;* puisqu’elle y serait à l’état *simple,* au lieu de requérir des *conditions* et de résulter d’elles (1).

De toute manière, il y a donc *une certaine équivoque* à parler de Dieu en empruntant des noms aux créatures.

Et cependant, il n’y a point là équivoque *pure: Non purè œquivoce; non omnino œquivoce dicitur.* L’équivoque, en effet, est définie dans l’*Organon* comme un genre contenant des espèces. L’équivoque *pure* en est une, et dans son cas, l’attribution se fait, à propos de chaque sujet, sans nul égard à l’autre et à sa nature. Or, il est loin d’en être ainsi dans le cas de Dieu. Si on le prétendait, il faudrait revenir aux erreurs ci-

---

(1) **Q.** vii, *de Potentia,* art. 7, corp. init.

dessus condamnées, à savoir qu'on pourrait dire de Dieu quoi que ce soit, comme on peut appeler Dragon, ou Chien, ou Balance, une constellation quelconque; que par ailleurs il n'y aurait nul rapport entre la créature et Dieu, nulle ressemblance d'aucune espèce, de sorte que ni nous ne pourrions rien démontrer de celui-ci en partant de celle-là, ni supposer que celle-là soit de la part de celui-ci l'objet d'une connaissance quelconque. Dieu, en effet, ne connaît la créature qu'en tant que la créature le participe, et la créature ne connaît Dieu qu'en tant qu'elle le retrouve en soi.

Aussi saint Thomas conclut-il après discussion que les noms appliqués en commun à Dieu et à la créature sont « attribués à Dieu en raison d'un certain rapport qu'il entretient avec les choses où notre intelligence puise ses concepts », et que, par conséquent, il n'y a point là équivoque pure (1).

Qu'y a-t-il alors ? Il y a *analogie,* c'est-à-dire proportion. Seulement l'analogie peut se comprendre encore de diverses façons, parce que la proportion d'une chose à une autre obéit à des lois fort diverses. Nous n'allons pas entrer dans une étude complète de l'analogie et de ses diverses formes, recherche purement logique et de nul intérêt pour nous : qu'il nous suffise d'analyser les cas qui intéressent la question présente.

Dans la question VIIe *de Potentia,* saint Thomas, visant le même problème que nous, divise les analogues en deux classes. Dans la première, un même prédicat est attribué à deux sujets en raison d'un rapport identique avec un troisième terme. Par exemple, on dit que la quantité et la qualité sont des formes de l'être et sont *être* parce

(1) *Compendium theologiæ,* loc. cit.

qu'elles déterminent l'une et l'autre l'être de la substance, bien que ce soit d'une manière différente. La quantité n'a rapport à la qualité, au point de vue de l'être, qu'à travers la substance ; si l'on suppose, par impossible, la quantité et la qualité subsistant à part, sans lien avec nulle substance, elles deviennent elles-mêmes sans rapports, et l'on ne peut leur attribuer l'être que d'une façon purement équivoque. L'analogie est donc fournie ici par un troisième terme, et non par un rapport direct des deux réalités que l'on nomme.

Si l'on veut un exemple plus simple, on dira qu'il y a analogie de cette espèce entre le mot *sain* attribué à un remède et au teint d'une personne. Le remède est *cause* de santé ; le teint en est le *signe*, et c'est en raison de ce rapport commun qu'un même adjectif qualifie l'un et l'autre, en dépit de leur différence de nature (1).

Or, l'analogie des noms humano-divins serait-elle de cette sorte ? Ce n'est pas possible ; car il s'ensuivrait manifestement qu'il y aurait une réalité antérieure logiquement à Dieu et à la créature, et qui serait participée diversement par l'un et par l'autre, comme la substance est antérieure logiquement à la quantité et à la qualité qui la déterminent ; comme la santé du vivant est antérieure logiquement à l'attribution que l'on fait du mot *sain* à un remède ou à un visage. Dieu rentrerait ainsi dans un *genre,* au lieu d'être le grand *Séparé,* principe ineffable des genres. Il ne serait plus le *Père des Idées,* ainsi que s'exprimait Platon : il rentrerait dans les Idées, et il serait *définissable,* ce qui est un blasphème.

C'est donc dans la seconde catégorie d'analogues qu'il faut ranger son cas. On parle de lui

____

(1) *Summa theol.,* q. XIII, art. 5.

avec des termes empruntés à la créature « en tant que celle-ci se réfère à lui comme à son origine première » (1). L'analogie des noms n'est donc pas fournie ici par un rapport de deux réalités à une troisième ; mais par une certaine relation directe entre l'un des deux termes et le second. Et telle est en effet la seconde catégorie.

Pour reprendre les exemples de tout à l'heure, on dira en ce sens-là que la quantité ou la qualité sont appelées *être,* ou *aspects de l'être,* en raison de la substance, parce que celle-ci *est* en soi et par soi, tandis que la quantité ou la qualité participent l'être uniquement en tant qu'elles déterminent cet être premier à une certaine forme. Ou bien l'on dira qu'un remède est sain, qu'une nourriture est saine parce qu'ils sont cause de santé pour le vivant, et qu'ils ont donc en eux quelque chose qui correspond d'une certaine manière à l'effet de santé qu'ils produisent.

On voit clairement que dans ces deux cas, les attributions communes ne sont ni des attributions de hasard engendrant l'équivoque, ni des attributions *ex æquo,* impliquant une réelle communauté de concept. Ni, en effet, la qualité n'est être à la façon de la substance, c'est-à-dire par elle-même et en elle-même, et cette attribution commune ne crée donc pas entre elles un concept commun ; ni d'autre part la qualité n'est étrangère, sous le rapport de l'être, à la substance qu'elle affecte, puisque c'est bien l'être de celle-ci qui est déterminé par elle. Il y a là une proportion de dépendance, créant une proportion de valeurs dans les noms, et il en serait évidemment de même dans le second exemple.

Seulement, quand il s'agit de Dieu, on peut serrer le problème de plus près, et il le faut

(1) *Compendium theol.,* loc. cit.

même absolument, si l'on veut faire entrer dans le cadre logique de *l'analogie* toute la doctrine des *noms divins,* comme par ailleurs — je le dis en passant — celle de la valeur philosophique des dogmes. Saint Thomas ne s'est pas donné cette peine dans tous les passages où il traite la question, et par exemple la *Somme théologique* s'en tient à la distinction qui précède. Mais dans des œuvres plus développées, telles les *Questions disputées,* il pousse à fond la théorie et la précise de la façon suivante.

Dans la seconde des catégories ci-dessus mentionnées, on peut de nouveau en distinguer deux autres. En effet, nous le savons, *analogie* signifie ici *proportion* ; or, deux cas de proportion peuvent être envisagés (1). « Il peut y avoir proportion et, par suite, convenance et analogie entre deux choses en raison de ce qu'il existe entre elles une relation de degré, de distance, de mesure, toutes choses qui impliquent une proportion directe et réciproque (*habitudinem ad invicem*), comme par exemple le nombre deux est en proportion avec l'unité dont il est le double. Mais on peut affirmer aussi une convenance entre deux choses qui n'auraient pas une proportion directe, en raison de ce que chacune d'elles est à une autre ce que la seconde est à une quatrième. C'est ainsi que le nombre 6 se rencontre avec le nombre 4 en ceci que le premier est le double de 3 comme le second est le double de 2. Le premier genre de convenance est une convenance de proportion directe, le second une convenance de proportionnalité (2). Or, il se trouve que, selon le premier mode, certaines notions sont

______

(1) Cf. quæst. II : *De Veritate,* art. 11 corp. ; quæst. XXIII, art. 7 ad 9ᵐ.

(2) Cette façon de parler est empruntée à Euclide, qui définit la proportionnalité : la similitude de deux proportions.

appliquées à deux choses en tant que l'une a un rapport direct avec l'autre, comme l'être est dit de la substance et de l'accident à cause de leur rapport, ou comme le prédicat *sain* est attribué à l'urine et à l'animal, parce que l'urine dite *saine* a un certain rapport à la santé et en présente comme l'image. Dans d'autres cas, une notion est attribuée analogiquement selon le second mode de *convenance* : ainsi le mot voir s'entend de l'organe corporel de la vue et de l'intelligence, parce que l'intelligence est à l'âme ce que l'œil est au corps. »

« Etant donc donné que le premier mode d'analogie requiert un rapport direct et déterminé entre les choses qui sont dites analogues, il est impossible qu'il y ait analogie de cette façon entre les attributs communs à Dieu et à la créature ; car nulle créature n'est avec Dieu en rapport tel que ce rapport puisse servir à déterminer la perfection de Dieu. Mais dans le second mode d'analogie, puisqu'il n'est pas requis qu'il y ait un rapport direct et déterminé entre les notions attribuées en commun, rien n'empêche que, selon ce mode, certains noms soient dits à la fois et de Dieu et de la créature (1). »

On voit très clairement dans ce passage en quoi consiste, au vrai, l'analogie thomiste. Il ne s'agit pas de trouver entre nous et la Cause première un rapport de similitude directe, quelque lointain qu'il soit ; il n'y en a aucun, d'aucune espèce. Ni l'intelligence, ni la bonté, ni la personnalité, ni rien d'autre ne sont attribués à Dieu *comme quelque chose qu'il aurait de commun avec nous (ut quando idem diversis inest, vel : ex eo quod duo participant unum).* Saint Thomas nie à maintes reprises que cela soit, et s'il peut paraître parfois

______

(1) Quæst. II, *de Veritate,* loc. cit.

le concéder, c'est qu'il est difficile, surtout en
théologie et en religion où les nécessités pratiques
du langage vous entraînent, de se tenir toujours
sur la fine pointe des distinctions philosophiques.
Mais quand le moment arrive de préciser, comme
ici, l'hésitation n'est pas permise. Il n'est pas vrai
qu'il y ait entre quelque chose de Dieu et quelque
chose de nous une proportion directe, une participation commune, *de plano*, à une notion quelconque, et non pas même à celle de l'existence.
En d'autres termes, et ces termes sont aussi de
saint Thomas (1), il n'y a aucun élément commun
à la définition de Dieu et à la définition de
l'homme. Et il y a de cela une excellente raison,
puisque, d'après ce qui a été dit plus haut, Dieu
est proprement indéfinissable, et que les choses
que nous disons de lui peuvent aussi bien — et
même mieux — en être absolument niées (*absolute negari possunt; verius removentur a Deo
quam de eo prædicentur*). Or, cela serait faux et
blasphématoire, s'il y avait entre Dieu et nous,
entre quelque chose de Dieu et quelque chose de
nous, une proportion directe de ressemblance.

Ce qu'il y a, c'est une proportionnalité, c'est-à-
dire une proportion de proportions, comme quand
on dit : 2 est à 4 comme 8 est à 16, ou, en termes
concrets : le prince est au peuple ce que le pilote
est au navire (2).

Et le cas particulier de la proportionnalité
divine est étrange. Dieu est proprement un infini ;
tout ce qui est en Dieu est Dieu, et par conséquent
infini de même, de sorte que l'homme, par
exemple, étant représenté par H, et son intelligence par I, l'égalité de proportions dont nous
parlons s'écrirait de la façon suivante :

(1) *Loc. cit.*, ad 6ᵐ.
(2) Q. xxiii, *De Verit.*, art. 7, ad 9ᵐ.

$$\frac{H}{I} = \frac{\infty}{\infty}$$

ce qui manifeste de nouveau de la façon la plus éclatante la vérité de cette proposition que *la valeur de définition de tout ce que nous pouvons dire de Dieu est nulle*. Car il n'est pas nécessaire d'être mathématicien pour savoir que l'égalité ci-dessus écrite ne représente rien par elle-même. Elle est exacte, et elle peut s'insérer dans le calcul à titre de conséquence ou de principe ; mais il est clair qu'elle ne définit rien. Pourquoi ? Parce qu'elle est sortie d'artifices de calcul, et de ces conventions préalables, fondées en raison, mais conventions cependant, par le moyen desquelles l'infini est admis en mathématiques. De même ici, il est admis par convention de langage, et en raison de nécessités pratiques très fondées, qu'on appellera *proportion* ou *ressemblance* de Dieu à nous, ce qui n'est au vrai ni proportion ni ressemblance ; mais bien la proportion de deux proportions et la ressemblance de deux ressemblances, comme si l'on dit : 2 ressemble à 6, pour cette unique raison que 2 est à 4 comme 6 est à 12, ou si l'on dit, selon le second exemple de saint Thomas : un pilote *ressemble* à un roi, et, analogiquement, *est* un roi, parce qu'il est le roi... du navire, comme le roi est, lui, le pilote de l'Etat.

C'est bien ce que dit saint Thomas en propres termes : « En tant que le mot *proportion* a été enlevé à sa signification définie pour signifier une relation quelconque, même celle qui résulte de la similitude de deux rapports, comme si l'on dit : Le prince est à la cité ce que le pilote est au navire, de cette façon rien n'empêche de dire qu'il y ait une proportion de l'homme à Dieu, fondée sur ce qu'il y a du premier à l'égard du second

origination et dépendance (1). » Et ensuite : « Le
fini et l'infini ne peuvent être mis en *proportion* ;
mais ils peuvent être mis en *proportionnalité* ;
car de même que l'infini égale l'infini, ainsi le
fini égale le fini, *et c'est ainsi qu'il faut entendre
la similitude entre Dieu et la créature*, à savoir
que Dieu est dans le même rapport avec ce qui le
concerne que la créature avec ce qui lui est
propre (2). »

On voit assez que cela ne *définit* rien : mais
que cela ne définisse rien, ce n'est pas une raison
pour qu'il n'y ait là que paroles vaines. Il y a
réellement *vérité* dans les affirmations de la théodicée naturelle, tout comme il y a réellement
égalité dans le rapport abstrait que nous posions
tout à l'heure. Ce rapport, lui non plus, ne défi-
nissait rien, et cependant, disions-nous, il peut
venir dans les calculs comme *conséquence* de
précédents rapports et comme *principe* de rapports ultérieurs. C'est donc une vérité *utile*, bien
que d'une certaine manière ce ne soit pas une
vérité *éclairante*.

Il faut nous résigner à dire : Il en est ainsi des
vérités philosophiques, en ce qui touche le cas
de Dieu.

On a essayé de dire : « L'être des créatures a
quelque rapport de ressemblance (directe) avec
Dieu puisque Dieu ne les a faites que selon
le type exemplaire qu'il a en lui-même. »

Mais se figure-t-on vraiment qu'il y ait, en Dieu,
des *idées*, c'est-à-dire des *concepts* définis, quelque
chose comme la maison idéale qui habite la tête
de l'architecte ? On sait bien que non ; on le dit ;
on affirme universellement qu'il n'y a en Dieu que
Dieu ; que toute multiplicité, même idéale, en doit

<hr>

(1) Q. xxiii, *De Verit.*, art. 7 ad 9ᵐ init.
(2) *Ibid.*, in fine.

être bannie, et qu'il n'est rien en lui qui réponde terme à terme aux essences. Alors, à quoi se réduit la *ressemblance directe* ? A rien. A quoi se réduit la *ressemblance* tout court ? Simplement à une *participation*, c'est-à-dire à une relation d'émané à émanant. Mais celui-ci reste dans l'ineffable. Si nous lui attribuons des *idées*, c'est selon notre façon de comprendre, c'est sous le bénéfice de l'analogie.

Dans l'ordre analytique, l'histoire de cette attribution se pourrait noter ainsi : Nous sentons la nécessité, ainsi que s'exprimait Ravaisson, de donner un fondement réel à la réalité de l'idéal ; nous postulons une source des *essences*, un Père des *Idées*, comme disait Platon, et pressés par cette indigence explicative du monde au point de vue de l'idéal, nous posons Dieu — c'est l'un de nos motifs — et nous le posons non comme *ayant des idées*, ce qui serait nous exposer à ce reproche d'Aristote de doubler notre sujet sous prétexte de l'expliquer ; mais nous le posons comme *source des idées*, c'est-à-dire comme fournissant un fondement à la réalité des choses sous le rapport de l'idéal qu'elles nous manifestent. Et nous servant ensuite pour exprimer ce rapport à Dieu d'une comparaison tirée du créé, nous écrivons cette égalité boiteuse : L'univers est à Dieu ce que la maison est à l'architecte ; ou en poussant plus loin dans le détail cette conception anthropomorphique : L'idée de l'univers et l'idée de tous les êtres de l'univers sont en Dieu, comme l'idée de la maison et de toutes les parties de la maison est dans l'esprit de l'architecte. Mais ces affirmations ne peuvent évidemment prétendre à dépasser leur point de départ, qui est l'insuffisance du monde envisagée sous l'un de ses aspects ; elles sont donc, en leur fond, *négatives* et *relatives*, ainsi que saint Thomas le dit de ces expressions : *Souverain Bien, Premier Être,*

Cause suprême, dont la valeur paraît si positive pourtant (1). Dieu est le Souverain Bien, cela veut dire, pour saint Thomas : Dieu est Bien en la manière qu'il faut, pour qu'il soit cause du bien. Dieu est Premier Être, cela veut dire : Dieu est être, non en nature propre, mais de la façon requise pour qu'il soit cause de l'être. Dieu est Cause suprême, cela veut dire : Dieu est Cause, non pas qu'il entre en la catégorie de cause, mais comme il faut qu'il soit pour achever le monde au point de vue de la cause, pour venir à bout de l'indigence explicative de tout et du tout. De même, Dieu est l'Idéal suprême, Dieu porte en soi l'idée de toutes les réalisations que l'univers révèle, cela veut dire : Dieu est pour l'idéal ce qu'il est pour la cause, pour l'être, pour le bien : Il est source, et il est ce qu'il faut qu'il soit pour être vraiment source, à ce point de vue spécial d'exemplarité que les idées pour nous déterminent.

A toutes ces expressions, l'analogie est donc sous-jacente ; nulle ne serait vraie sans elle ; nulle n'est vraie en dehors d'elle. Mais si tout cela n'est dit que sous le bénéfice de l'analogie, ne voit-on pas le cercle vicieux que l'on commettrait si on le disait en vue de fonder l'analogie, ou pour prouver que l'analogie est *telle* ?

Il faut donc en revenir à l'humble aveu de Grégoire le Grand : *Balbutiendo ut possumus excelsa Dei resonamus.* Ce que nous disons de Dieu est *vrai,* et c'est encore plus *faux,* et c'est enfin *boiteux, non cohérent (incompactum),* quand nous avons établi la synthèse entre le vrai et le faux mélangé dans nos phrases. Mais si cela est peu de chose en soi, à titre de connaissance, cela est tout pour nous, au point de vue de la vie. Reliés à Dieu par tout ce que nous sommes, nous

____

(1) *Contra Gentes,* l. I, c. xxx.

devons puiser en lui tout ce que nous prétendons devenir, et de ne pas voir, souvent, les canaux par lesquels le divin nous arrive, et de ne voir jamais la Source, cela n'empêchera point que nous ne vivions, si cet « unique Nécessaire », nous ne refusons point de le reconnaître ; si nous savons qu'Il nous est tout, et que l'enrichissement, puis l'aboutissement de notre vie dépendent de la façon dont nous aurons su orienter là notre cœur — après y avoir orienté notre intelligence — comme vers notre ineffable et supersubstantiel aliment.

Je me rends compte de la difficulté qu'il y a, ayant d'abord posé le Dieu métaphysique dans l'inconnaissable, à le relier ensuite aux réalités empiriques que régissent la religion et la morale ; à faire cadrer dans l'esprit ce que requiert la science la plus haute et ce qu'enseigne le catéchisme. C'est pour cela que nous disons : La révélation du Christ est autrement précieuse que les spéculations des philosophes. Par elle on aboutit d'emblée à la vie, laissant aux amusements sublimes de la science le soin de mettre l'ineffable en formules. Mais ceux qui estiment pourtant qu'il faut frapper de la main et du front aux portes du mystère doivent subir la difficulté. C'est elle qui a jeté tour à tour soit dans l'agnosticisme orgueilleux, soit dans l'anthropomorphisme enfantin les intelligences peu profondes ou extrêmes. Tous les grands penseurs ont vu ce double abîme et ont été invités à l'option. Saint Thomas a fait un effort de génie pour se tenir sur la crête. On voit assez maintenant à quel prix il a pu réussir.

Il sacrifie nettement toute valeur de *définition,* pour les formules où le divin s'exprime. Il sanctionne par ailleurs la valeur intellectuelle de ces formules, en leur donnant pour rôle de noter un rapport, à savoir celui de la Source première à ce qui en dérive, et de signifier ce rapport sous toutes les formes où notre esprit, mêlé aux êtres émanés de Lui, se le représente.

Entre le *symbolisme,* qui ne voit dans le langage de la théodicée naturelle que formes vides et qu'images sans valeur scientifique, et d'autre part un anthropomorphisme inconsciemment blasphémateur, saint Thomas insère ce qu'on pourrait appeler *l'analogisme,* basé sur la relation de dépendance qui relie le relatif au transcendant, et permet donc de qualifier d'une certaine façon l'un par l'autre.

Il suit de là qu'aux yeux de notre auteur, ainsi qu'on a pu le voir déjà, les données de la théodicée naturelle ont en un sens une valeur *positive,* en un sens une valeur *négative,* et que nous pouvons départager en son nom ceux qui, tout récemment, se sont si fort querellés sur ces termes.

Quand nous disons : Dieu est bon, le sens n'est pas : Dieu n'est point mauvais ; mais il est : Dieu n'est pas *non-bon ;* car dire qu'il est *non-bon,* ce serait lui refuser — je ne dirai pas *une* perfection, mais mieux : *de la* perfection, et il la possède toute. Or, dire *non-non-bon,* cela peut évidemment se traduire par *bon,* mais à une condition, c'est qu'on avertisse du sens négatif et purement relatif de ce terme.

C'est pour cela que le pseudo-Denys, quand il en veut parler avec précision, refuse de dire : Dieu est bon, quelque légitime, une fois expliqué, que soit ce terme. Il préfère employer un mot spécial, qui nie la négation sans poser une affirmation, celle-ci prêtant toujours à équivoque, puisque, d'après les formes accoutumées du langage, elle doit paraître *définissante,* alors qu'elle ne l'est point. Il dit : Dieu est *trans-bon* ou *super-bon,* ce qui nie et affirme à la fois la bonté telle

qu'elle est contenue dans nos termes, empruntant
à ceux-ci l'*indication positive* qu'ils fournissent,
relativement à la perfection pleine qui est en Dieu,
et niant la *détermination* anthropomorphique
qu'en se posant dans leur forme propre ils prétendraient poser.

Nous retrouvons ainsi une opinion que saint
Thomas paraissait combattre plus haut ; mais à
laquelle, certaines formes de langage rectifiées,
il donne une approbation pure et simple (1).

Puisqu'il ose dire lui-même : la façon d'*être* de
Dieu, c'est de trôner au-dessus de l'être ; sa façon
d'être *intelligent,* c'est d'être au-dessus de l'intelligence ; sa façon d'être bon, c'est d'être au-dessus
de la bonté et de la contenir autrement et mieux
qu'elle ne se contient elle-même, il n'a pas le
droit de s'étonner que le sentiment profond de
cette condition du premier Etre ait fait dire à
Avicenne et à Moïse Maïmonides, auxquels il
prête cette opinion, que nos concepts ne signifient pas Dieu en lui-même.

Ces philosophes disaient : Dieu est *un infini
de simplicité ;* il n'y a rien en lui que *son* être,
qui n'est pas même *l'être* que nous nommons,
ainsi que nous l'avons vu. Il n'a donc pas d'essence. Rien de ce qu'on lui attribue ne peut donc
lui convenir à titre d'essence en lui réalisée.
Comment cela lui convient-il ? Cela lui convient,
disaient-ils, doublement : *premièrement,* à titre
de négation, afin de repousser l'imperfection que
lui attribueraient les perfections contraires, et de
conclure par là à certaines conditions du premier
Principe ; *deuxièmement,* afin de signifier sa causalité à l'égard de ce que nous nommons, et de
marquer la similitude de certains effets qu'il

____

(1) Iª pars, q. XIII, art. 2 ad 2ᵐ.

produit à l'égard des actions de la créature.

On voit assez que cette opinion ressemble fort à ce que nous avons dit nous-mêmes. En quoi en diffère-t-elle ? Uniquement quant à la façon de parler. Considérant que nos attributions ont en Dieu un fondement réel, à savoir sa perfection pleine, nous affirmons, nous, leur positivité, sans oublier d'ailleurs que le fondement réel dont nous parlons étant *un,* au lieu de correspondre terme à terme aux *essences* que nos mots expriment ; étant tout *subsistant,* au lieu que nos mots semblent le *qualifier,* la positivité dont on parle devient négation pure, en tant que *valeur de définition* relative au divin.

Les philosophes en cause, au contraire, partant de cette dernière remarque, disent tout d'abord et dans le même sens que nous : La valeur des noms divins est purement négative. Et ce qui était pour nous l'affirmation première devient pour eux le correctif, à savoir que la négation dressée en face des contempteurs de Dieu a pour fondement sa perfection pleine, chose parfaitement *positive.*

Les deux opinions en présence ne se combattent donc point : elles situent autrement leurs propositions, voilà tout, et par surcroît la première s'exprime mieux, en ce que, pour qualifier ce qu'on dit de Dieu, elle tient compte *d'abord* de la réalité du fondement de nos attributions, au lieu de tenir compte *d'abord,* comme l'autre, du caractère spécial et unique de cette réalité. C'est pour cela que saint Thomas, tout compte fait, dit de cette dernière opinion : *Videtur esse inconveniens,* tout en se gardant de la condamner quant au fond. Il écrit en effet : « Bien que ces deux opinions semblent diverses, envisagées à la surface, pourtant elles ne sont pas contraires, si l'on commente ce qui est dit par la pensée qui le fait dire : *Si quis dictorum rationes ex causis assumit dicendi* (1). »

**

Peut-être trouvera-t-on pour finir un avantage de clarté à voir figurer en tableaux les différentes positions de l'esprit qui se trouvent ici en présence.

A en croire le langage de quelques-uns, nous serions une espèce du genre Dieu : formule du panthéisme. Pour d'autres, Dieu et nous, nous serions des espèces du genre Etre : formule de l'anthropomorphisme. Pour saint Thomas, nous sommes, nous, dans le genre Etre ; mais Dieu n'y est point, lui étant transcendant, comme sa source.

Dans ces trois conceptions, l'*Arbre de Porphyre* s'introduirait de la façon suivante.

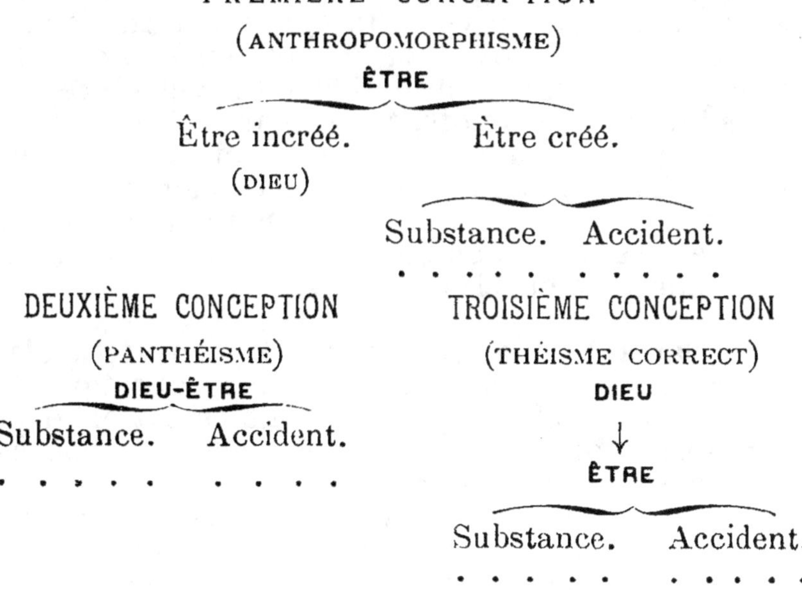

(1) In I. Sent., Dist. II. q. 1, art. 3, Solutio (Quantum ad tertium).

Dans la troisième conception, la vraie selon saint Thomas et la tradition chrétienne, Dieu est encore dit *être*, mais par analogie, c'est-à-dire qu'il y a équivoque, non équivoque de hasard, mais équivoque avec un fondement d'attribution commune qui est ici la relation unilatérale *de esse* que nous certifie l'indigence de la créature.

C'est en raison de ce fondement qu'on peut et qu'on doit poser *comme* correct le tableau suivant :

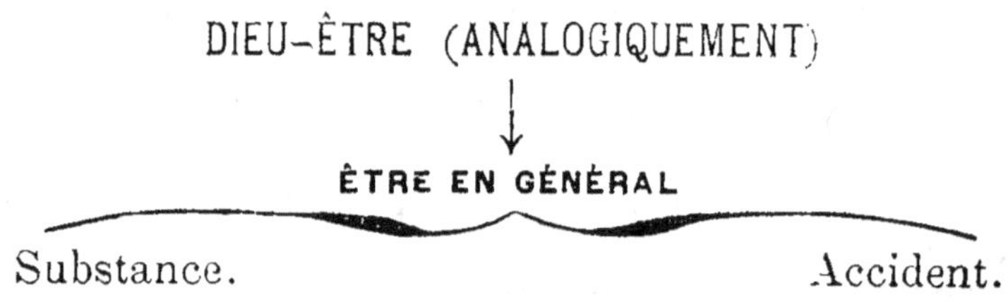

En procédant ainsi, on évitera toutes les erreurs : le *panthéisme* (n° 2), puisque Dieu ne sera pas appelé en vue d'intégrer, mais de fonder l'être des créatures ; l'*anthropomorphisme* (n° 1), puisque ce Fondement de l'être sera déclaré, au sens humain des mots, supérieur et par conséquent extérieur à ce qu'il fonde ; et enfin, aussi, l'*agnosticisme,* car la prétention de l'agnosticisme est que, d'aucune manière, les mots humains ne puissent servir à nommer et à qualifier Dieu, ni nos pensées à en vivre.

En partant de là, on arriverait, je crois, à clarifier un peu la complexe et obscure question de la valeur philosophique des dogmes. Là en effet est la solution, et non dans des disputes surperficielles autant que fiévreuses.

Quand le moment sera venu d'opérer ce travail, le grand Docteur dont je viens d'exposer la pensée sera encore le meilleur des guides. Nul ne pourra l'accuser d'étroitesse, et nul non plus ne le soupçonnera de vouloir sacrifier, en mutilant la foi, l'intérêt supérieur de la vie humaine.

Quoi qu'il en soit, ceux que jette dans le trouble l'adorable nescience que nous proclamons ; qui s'effraient de cette dissolution de l'esprit dans un objet qui n'est même plus objet ; dont on ne peut plus rien dire ; dont l'être, en tant que perçu, n'est que notre néant ; dont le plein n'est que notre vide : ceux-là doivent se souvenir que si le regard ainsi jeté dans la nuit du mystère fait frémir, le cœur, plus pénétrant que les yeux : l'action, plus que l'abstraction efficace, peuvent nous unir à Celui qui porte ainsi ses fils dans les ténèbres.

Au fond, n'est-ce pas notre intérêt que Dieu nous soit inaccessible ? C'est le charme de notre faiblesse, a dit Rousseau, de se sentir écrasé par sa grandeur. Mais plus que le charme, c'est là aussi le salut de notre vie. Que deviendrions-nous, si Dieu n'était hors de toute proportion avec nous ? N'est-ce point parce qu'il est en dehors de toute mesure, qu'il peut toujours être à la nôtre ? Si nous le faisions simplement grand, il le faudrait si grand ! Alors, comment le faire cadrer avec les petits êtres que nous sommes ? C'est parce que, dépassant toute grandeur, il en arrive à supprimer le problème des grandeurs que nous pouvons être à niveau encore.

Et c'est pourquoi l'humble chrétien qui dit : *Notre Père,* en sait autant sur Dieu que le métaphysicien le plus profond. L'anthropomorphisme filial du premier vaut l'anthropomorphisme savant de l'autre, et ils s'unissent tous deux dans la muette adoration qui convient à la créature, quand ils reprennent à leur compte le mot de Socrate, renouvelé et agrandi encore par un plus haut emploi : Ce que je sais, c'est que je ne sais rien.

FIN

TABLE DES MATIÈRES

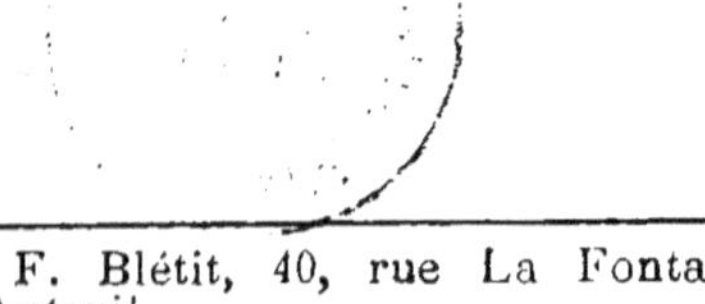

2401-07. — Imp. des Orph.-App., F. Blétit, 40, rue La Fontaine, Paris-Auteuil.